史上最大のITプロジェクト
「3度目の正直」

みずほ銀行システム統合、苦闘の19年史

日経コンピュータ

山端宏実　岡部一詩　中田敦　大和田尚孝　谷島宣之

日経BP

はじめに

みずほフィナンシャルグループ（FG）が長年にわたって進めてきた、みずほ銀行における「勘定系システム」の刷新と統合のプロジェクトが、二〇一九年七月に完了した。本書の目的はその情報システム開発プロジェクトの全貌を解き明かすことにある。

勘定系システムとは、銀行業務の本丸である預金や融資、振り込みなどをつかさどる、銀行にとって最も重要な情報システムである。勘定系システムが使えなくなると銀行の業務はすべてが停止する。ATM（現金自動預け払い機）も銀行支店の窓口も、パソコンやスマートフォンから利用するインターネットバンキングもすべて使えなくなる。

実際にみずほ銀行はそのような大規模システム障害を二〇〇二年四月と二〇一一年三月の二度も引き起こした。今回完了した勘定系システムの刷新と統合のきっかけは、東日本大震災の直後に起こした二度目の大規模システム障害だった。

東日本大震災の義援金振り込みが集中したことが引き金となって、振り込みの遅れや店舗・ATMでのサービス停止を招いた。システム障害の原因を探ると、一九八〇年代末から利用し続けていた勘定系システムが老朽化していたことにあった。

ソフトウエアが有機物のように腐ったわけではない。一九八〇年代末といえばまだインターネットもパソコンも、携帯電話も普及する前だ。そんな時代に開発された勘定系システムが、二〇一〇年代の利用者のニーズに対応できなくなっていた。テレビ番組や携帯電話会社が東日本大震災の義援金を呼びかけると、インターネットバンキング経由などでの振り込みが特定口座に殺到した。想定外の件数の義援金が特定口座に押し寄せた結果、預金口座をつかさどる勘定系システムが動作不能に陥った。

勘定系システムの開発から時間がたつにつれて、内部を詳しく知る人が社内から少なくなり、現役で働く技術者や業務担当者にとって勘定系システムが「ブラックボックス」と化していた。システム障害が起きた際の対応策が分からず、障害の解決までに十日近くがかかった。

こうした事実を重く受け止めたみずほＦＧは、二〇一一年六月から勘定系システムの刷新プロジェクトを本格的に開始した。

単にシステムを新しくする（刷新する）だけでなく、それまでみずほ銀行とみずほコーポレート銀行（当時）、みずほ信託銀行のグループ三行が別々に運用していた三つの勘定系システムを一つに統合することも同時に目指した。

システム開発プロジェクトは富士通、日立製作所、日本ＩＢＭ、ＮＴＴデータという日本を代表するシステム開発会社（システムインテグレーター）四社を中心に合計で千社を巻き込んで始まった。しかしその歩みは困難の連続だった。

プロジェクトは当初、二〇一六年三月末までに完了させるとしていた。しかしシステムに必要となる機能を取りまとめる要件定義や、要件定義に基づいて実際のプログラムを開発する作業、開発したプログラムが正常に動作するか確認するテスト作業のいずれもが、当初の見込みに比べて遅れていった。そのためみずほFGは、二〇一四年四月と二〇一六年十一月の二度にわたって、システム開発完了の延期を発表せざるを得なくなった。

みずほ銀行の新システムはいつになったら完成するのか――。開発完了延期がアナウンスされるたびに、IT業界では不安が膨らんでいった。口の悪いIT業界関係者は、なかなか完成しないスペイン・バルセロナの教会にちなんで、みずほ銀行のシステム統合プロジェクトを「IT業界のサグラダファミリア」とやゆしたほどだった。

新しい勘定系システムである「MINORI」の開発が完了したのは二〇一七年七月のこと。それから二年近い時間をかけて、古い勘定系システムから口座データなどを新しいシステムに引き継ぐシステム移行を実施した。口座データを移行する際には、勘定系システムの運用を止める必要がある。都合九回も勘定系システムを停止し、利用者はそのたびに週末の間のATM利用ができなくなった。

すべての移行作業が完了したのが二〇一九年七月十六日のことである。みずほ信託銀行の勘定系システムの口座データをMINORIに移してすべてが終わった。それまでにみずほFGは三十五万人月という銀行のシステム開発プロジェクトとしては前代未聞の労力と、四千億円台半ばという巨費を投じていた。

足かけ八年にもわたるプロジェクトには、みずほFGの内外合わせて数千人以上のIT技術者が開発やテストに参加した。加えて銀行の営業店などで働く何万人もの現場の従業員が作業に関わった。みずほFGが展開する約四百の営業店全てでシステム移行のリハーサルをそれぞれ六回実施した。窓口で勘定系システムの端末を操作する事務担当者など一万七千人の従業員は、一日がかりや二日がかりの研修に参加して新しいシステムの操作方法を学習した。

本書はこうしたMINORIの開発ストーリーを記録したものだが、描きたいのはそれだけではない。

実は勘定系システムの刷新と統合は、みずほFGにとって「十九年越しの悲願」だった。旧第一勧業銀行、旧富士銀行、旧日本興業銀行の三行が経営統合を発表したのは一九九九年八月のこと。旧三行は二〇〇〇年に持ち株会社としてみずほホールディングス（現：みずほフィナンシャルグループ）を設立し、リテール業務を担う「みずほ銀行」とホールセール業務を担う「みずほコーポレート銀行」を二〇〇二年四月までに発足するとしていた。

三つあった銀行を二つに再編するのに伴い、旧三行の勘定系システムも二つに再編することにした。そして再編成が終わったら、すぐに次期勘定系システムの開発に着手するとも述べていた。旧三行はそれぞれ一九八〇年代に勘定系システムを構築してそれを使い続けており、老朽化が課題になっていたためだ。

しかし勘定系システムの刷新は遅々として進まなかった。そもそも旧勘定系システムの再編成が難航した。二〇〇二年四月の新銀行発足時点では旧三行の勘定系システムを残したままにして、「リレーコンピューター」と呼ぶ仕組みでつなぐことにしたが、その作業にすら失敗。みずほ銀行設立初日の二〇〇二年四月一日に大規模なシステム障害を引き起こした。これが「一度目」の障害だ。

旧勘定系システムの再編成には四千億円もの費用がかかり、二〇〇四年十二月にようやく完了した。みずほFGは二〇〇四年に改めて次期システム開発を仕切り直し、二〇一一年度までに新しい勘定系システムに刷新する計画を立てた。

だが勘定系システムの刷新プロジェクトも難航する。当初は本格的なシステム開発に先立つ準備を二〇〇六年に終わらせる予定だったが、それが二〇一〇年まで遅れた。そして本格的なシステム開発に着手し始めたところで、東日本大震災が発生した。刷新できないままになっていた古い勘定系システムに大量の義援金振り込み依頼が押し寄せて、大規模システム障害を引き起こした。これが「二度目」の障害だ。

二〇一一年六月にみずほFGが始めたのは、実際のところは二〇〇四年に始めたプロジェクトの仕切り直しだった。

大規模システム障害が起きる前に古い勘定系システムを刷新できなかったのは、みずほ銀行の情報システム部門が怠けていたわけでも、その下で作業をしていたシステム開発会社に落ち度があったわけでもない。

「このシステム障害は、経営の失敗そのものだ」。二〇一一年三月にみずほFGが引き起こした二度目の大規模システム障害を、企業情報システムの専門誌である「日経コンピュータ」はこう評した。

みずほFGの経営トップは勘定系システムの刷新を現場任せにして、情報システムのことを理解せず、必要な資金や人員を投入する決断ができなかった。情報システムの開発に際して業務部門が情報システム部門に全面的に協力したり、関係各所の利害を調整したりできるようリーダーシップを発揮することも怠った。経営陣のIT軽視、IT理解不足が、大規模システム障害の根本的な原因だった。

本書が描くのは、みずほFGにおけるシステムの刷新と統合に関わる「苦闘」の十九年史である。

システム開発プロジェクトに何度も失敗し、二度の大規模システム障害を引き起こしたみずほFGが、どのようにして社内を立て直して、巨大システム開発プロジェクトを成功に導くまでに「成長」したのか。そこにあらゆる企業にとっての学びがあると考えているからだ。

本書は三部構成になっている。まず第一部で、新しい勘定系システムであるMINORIの全貌と、システム開発や移行に関するプロジェクトの詳細、MINORIが完成することによって可能になるみずほＦＧの新しいデジタル経営戦略などを徹底解説する。

第二部は、二〇一一年三月の東日本大震災の直後に起きた大規模システム障害を振り返る。経営陣と情報システム部門が重ねた三十の不手際とそれらの背景にある入り組んだ原因を解き明かした。

第三部は、二〇〇二年四月の経営統合直後に起きた大規模システム障害を振り返る。旧経営陣がリーダーシップを発揮できず、旧行による主導権争いを抑えきれなかった。

勘定系システムのような企業の業務の根幹を支える情報システムのことは一般に「基幹系システム」と呼ぶ。基幹系システムの老朽化はみずほＦＧに限った話ではない。ほとんどの日本企業が抱える問題である。二〇〇〇年前後に基幹系システムを構築して、そのまま使い続けている日本企業は非常に多いからだ。

多くの企業は当時、「西暦二〇〇〇年問題」などを解決するために、一斉に基幹系システム構築に走った。西暦二〇〇〇年問題とは、西暦の下二桁だけを管理するプログラムが二〇〇〇年になると、日付が「一九〇〇年」か「二〇〇〇年」か判別できなくなり誤動作する問題である。

これら二〇〇〇年前後に構築された基幹系システムの稼働期間が、そろそろ二十年を越え始めている。日本情報システム・ユーザー協会の「企業ＩＴ動向調査報告書二〇一九」によれば、二〇一八年度の時点で日本企業の基幹系システムの二十二・三％が二十一年以上稼働し続けているという。

みずほ銀行の勘定系システムは稼働開始から二十三年が経過した二〇一一年に、老朽化を原因とする大規模なシステム障害を起こした。稼働期間が二十年を越えると、基幹系システムは非常に危険な状態になる。

経済産業省は二〇二五年になると、二十一年以上稼働し続けている基幹系システムの比率が六十％を越えるのではないかと警戒を強めている。経産省は二〇一八年五月に発表したリポートでこの問題を「二〇二五年の崖」と名付け、システムの老朽化によるリスクの高まりに伴う経済損失が年間十二兆円にも達する恐れがあると警告した。

二〇二五年の崖から落ちないために、企業は老朽化した基幹系システムにどう向き合って、問題を解決していけばいいのか。本書が紹介するみずほＦＧの歩みが参考になるはずだ。

なお銀行名や登場人物の役職は、特記しない限り当時のものを記載している。

二〇二〇年二月

日経コンピュータ編集部

目次

第一部

ＩＴ業界のサグラダファミリア、ついに完成す

第1章

三十五万人月、四千億円台半ば、巨大プロジェクトはこうして始まった

東京スカイツリーの建設費七本分――。

みずほフィナンシャルグループ（ＦＧ）が二〇一一年六月に開始し、二〇一九年七月に完了した勘定系システム「ＭＩＮＯＲＩ」の構築プロジェクト。同社はこのプロジェクトに「四千億円台半ば」を投じたとする。銀行業界のシステム開発プロジェクトとして前代未聞の金額であり、総事業費が約六百五十億円だった東京スカイツリーに換算すると七本も建てられる計算になる。

勘定系システムとは銀行における預金や融資、振り込みなどの業務を支える情報システムである。勘定系システムが止まると銀行業務は全てが止まる。ＡＴＭ（現金自動預け払い機）も銀行支店の窓口も、パソコンやスマートフォンから利用するインターネットバンキングも利用できなくなる。銀行の事業を継続するうえで、勘定系システムは不可欠な存在だ。

銀行の情報システムには勘定系以外にも「情報系システム」などがある。銀行業務に関する様々なデータを分析して経営者の意思決定を支援したり、従業員同士の情報共有を図ったりするシステムだ。情報系システムが止まっても銀行のサービスに影響しないが、勘定系システムは銀行サービスの継続に直結する。みずほＦＧは二〇一一年から勘定系システムを全面刷新するプロジェクトを進めていた。

みずほＦＧは当初、投資額は三千億円台になるとしていた。しかし開発完了を二度延期したことなどに伴い投資額が膨らんだ。同社が明らかにしていないその内訳を独自に試算してみた。

メガバンクのシステム統合プロジェクトの比較

銀行名	みずほ (2019 年完了)	みずほ (2004 年完了)	三菱 UFJ	三井住友
統合の対象行	みずほ みずほコーポレート みずほ信託	第一勧業 富士 日本興業	東京三菱 UFJ	住友 さくら
投資額	4000 億円台半ば	4000 億円	3300 億円 (うち Day2 が 2500 億円)	1000 億円
開発規模	35 万人月	9 万人月	14 万人月 (うち Day2 が 11 万人月)	2 万人月
概要	2011 年から勘定系システムを再構築し、3 行の口座データなどを新システムに移行	第一勧業と富士の 2 系統に分かれていた勘定系システムを第一勧業側に片寄せ	勘定系システムを 2 段階で統合し、東京三菱側に片寄せ	勘定系システムを 2 段階で統合し、住友側に片寄せ

注：一部、日経コンピュータ推定

開発規模は三十五万人月

みずほＦＧはＭＩＮＯＲＩの開発規模が三十五万人月と明かしている。一人のＩＴ技術者が丸一カ月作業をすると、その作業量が「一人月」となる。その三十五万倍だ。銀行システムに詳しい業界関係者によると「金融機関のシステム開発を担うエンジニアの人月単価は平均百万〜百二十万円」という。開発規模と人月単価を掛け合わせたうえで人手不足を考慮すると四千二百億円程度がアプリケーション開発費と試算できる。

みずほＦＧの貸借対照表もヒントになりそうだ。ＭＩＮＯＲＩの開発が本格化した二〇一三年以降、同社は無形固定資産を急増させている。無形固定資産にはソフト開発費やソフトライセンスの購入費を計上する。二〇一四年三月期から一八年三月期までの五年間で合計六千百五十一億円も増えた。そして一九年三月期に四千七百二十四億円減少した。みずほＦＧが二〇一九年三月期に勘定系システムを含む固定資産の減損損失として五千七億円を計上したからだ。人月を基にした試算と近く、ソフト開発に四千億円を超える金額を投じたと判断できそうだ。

みずほＦＧはＭＩＮＯＲＩを稼働させるサーバーコンピューターやデータを格納するストレージといったハードウエアへの先行投資を抑えている。ハードは基本的に日立製作所などシステムベンダーの資産であり、みずほＦＧは従量課金制でそれを利用する。別の業界関係者によれば金融システム投資でハードは全体の十五％程度を占めるという。ソフト開発費から試算すると、今後支払う分を含めハード費用は数百億円に達する可能性がある。

このほか投資以外の費用として、二〇一八年から一年以上にわたって実施した旧システムから新システムへの移行作業や、営業店で実施する移行リハーサルに伴う人件費、移行作業に伴うサービス停止などを顧客へ告知するコストがかかった。全六回の移行リハーサルには約四百店の全営業店がそれぞれ参加した。システムの移行中はテレビＣＭやインターネット広告などを活用して、ＡＴＭやインターネットバンキングなどのオンラインサービスの停止を知らせた。告知コストだけでも費用は数十億円に達したもようだ。

勘定系システムを全面再構築

みずほＦＧのシステム刷新プロジェクトは作業量や投下資金が大きかっただけでなく、作業期間も非常に長かった。当初は二〇一一年六月に始めて二〇一六年三月末までに完了させるとしていたが、二〇一四年四月と二〇一六年十一月の二度にわたってシステム開発の完了延期を余儀なくされた。口の悪いＩＴ業界関係者はなかなか完成しないスペイン・バルセロナの教会にちなんで「ＩＴ業界のサグラダファミリア」とやゆしたほどだ。

プロジェクトがこれほど長引いたのは、銀行システムの根幹といえる勘定系システムを全面再構築していたからだ。

「勘定系システムという土台を分解して一から作り直すのは、過去に例がない」。三菱ＵＦＪ銀行でＣＩＯ（最高情報責任者）を務めた三菱ＵＦＪリサーチ＆コンサルティングの村林聡社長はみずほＦＧのシステム刷新をこう評す。

今の銀行システムの原型といえる「第三次オンライン（三次オン）」が稼働したのは一九八〇年代後半のこと。それ以降、大手銀行が勘定系システムを全面再構築した例は無かった。みずほＦＧに限らず、どのメガバンクも合併のたびに勘定系システムを旧行のどちらかに統合する「片寄せ」を繰り返してきたからだ。

大手銀行は三次オン以前、ほぼ十年に一度のペースで勘定系システムを作り直していた。しかしその動きは一九九〇年代以降にピタリと止んだ。数千億円規模の投資が必要になるにもかかわらず、売り上げ増など直接的な効果が見えづらい勘定系システムの全面刷新は、バブル崩壊で経営に打撃を受けたメガバンクには難しくなった。既存の勘定系システムを手直しして新機能を加

大手銀行の勘定系システムの変遷（年月はシステム統合完了時期）

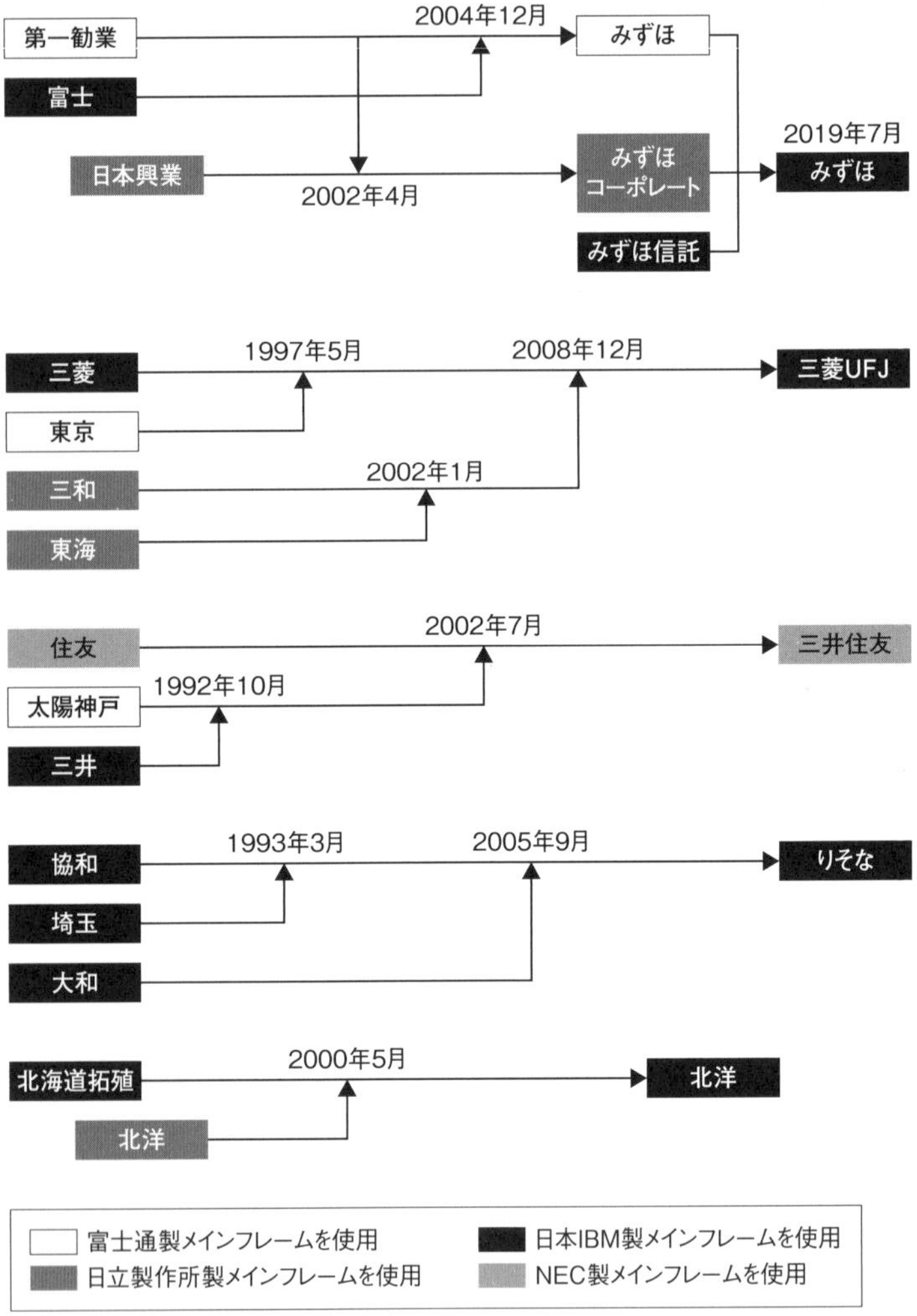

銀行オンラインシステムの歴史

1960年代〜

第1次オンライン

・普通預金のオンラインシステムを構築。どの支店からでも預金の引き出しが可能に

1970年代〜

第2次オンライン

・普通預金や融資など全商品が連動する総合オンラインシステムを構築
・CIF（カスタマー・インフォメーション・ファイル）によって各商品を連動
・一部銀行ではDBMS（データベース管理システム）を採用
・集中記帳方式による公共料金の引き落としや給与振込が可能に

1980年代〜

第3次オンライン

・プログラミング言語が従来のアセンブリから高級言語（PL/IまたはCOBOL）に
・DBMSや制御ミドルウエアを全面的に使用
・24時間稼働や正・副データセンターを使った災害対策が可能に
・情報系システムなどサブシステムの開発が盛んに

2000年代〜

第3次オンライン以降

・ハブ・アンド・スポーク・システムの導入
・集中記帳のオンライン処理化

えるやり方が主流だった。

それなのになぜ、みずほＦＧだけが勘定系の全面再構築に挑んだのか。理由はみずほ銀行が使っていた勘定系システムの老朽化にあった。

みずほＦＧは旧第一勧業銀行、旧富士銀行、旧日本興業銀行の三行が統合して発足し、二〇〇二年四月から個人や中小企業向けの旧みずほ銀行と大企業向けの旧みずほコーポレート銀行の二行体制になった。

みずほ銀行の勘定系システムは旧第一勧銀の「ＳＴＥＰＳ」を使用し、みずほコーポレート銀行の勘定系システムは旧興銀の「Ｃ‐ｂａｓｅ」を使っていた。ＳＴＥＰＳが稼働開始したのは一九八八年のことである。

老朽化が大規模システム障害を起こした

もちろんどのメガバンクの勘定系システムも三次オンの設計思想を引きずっていたが、特にみずほ銀行のＳＴＥＰＳにその傾向が強かった。新サービスの投入や法制度対応など部分的な修正を繰り返したことで、システム内部の構造を把握しきれない「ブラックボックス」に陥っていた。

それが顕著に表れたのが二〇一一年三月の東日本大震災に端を発したシステム障害だった。テレビ局が設けた口座に義援金の振り込みが大量に押し寄せたことをきっかけに、大規模システム障害が発生した。口座ごとに設定されたシステム上の処理上限値（リミット値）を現役社員が知らなかったことが原因で、復旧にもてこずった。

ＳＴＥＰＳが大量データを一括処理する「バッチ処理」を多く残していたことが被害を広げた。障害によって夜間バッチ処理が朝までに終わらなくなり、翌日のオンライン処理に悪影響を及ぼし、被害が雪だるま式に広がった。

例えば三菱ＵＦＪ銀行は二〇〇〇年代に、大量の振り込みをバッチ処理ではなくオンライン処理できるよう勘定系システムを整備していた。みずほＦＧも二〇〇二年の大規模障害後に振り込みシステムに手を入れたとされるが、結果として二〇一一年の事態を防げなかった。

紙ベースの事務処理が残る

ＳＴＥＰＳの老朽化はみずほＦＧにおける事務処理の効率化も妨げていた。例えば営業店の担当者が何か取り引きを始めようとする際には、営業店端末の画面に五桁の番号を入力する必要があった。そうするとその番号にひも付く取り引き画面が表示された。ＧＵＩ（グラフィカル・ユーザー・インターフェース）のような気の利いたメニュー画面は存在せず、担当者は取り引きごとに五桁の番号を覚える必要があった。

振り込み処理などの結果を示した帳票である「還元計表」は、店舗のプリンターから紙で出力する仕様だった。振り込みが失敗した場合は電話やファクスで連絡があり、営業店の担当者が振り込み内容を端末のキーボードから入力し直していた。

古い勘定系システムは「Ｏｎｅ ＭＩＺＵＨＯ」の妨げにもなっていた。みずほＦＧは二〇一三年七月、みずほ銀行とみずほコーポレート銀行を法人として統合した。しかしシステムは一本化されておらず、みずほ銀行の勘定系システムであるＳＴＥＰＳと、みずほコーポレート銀行の勘定系システムのＣ-ｂａｓｅは残ったままだった。

当たり前だが事務プロセスは勘定系システムに全面的に依存する。二行が一つになっても、旧みずほ銀行の営業店は「ＳＴＥＰＳ店」、旧みずほコーポレート銀行は「Ｃ-ｂａｓｅ店」と呼ばれ、事務プロセスが別々だった。プロセスを一つに統合したり、効率的なやり方に改めたりするのが難しかった。

三行の勘定系を一つに統合

みずほFGは勘定系システムの全面再構築に当たって、STEPSとC-baseだけでなく、みずほ信託銀行の「BEST」という既存の三システムを廃棄し、新システムの「MINORI」に一本化する決断を下した。しかも一から作り直した。

MINORIの最大の特徴は「SOA（サービス指向アーキテクチャー）」を全面採用した点にある（詳細は第2章を参照）。勘定系システムを複数のコンポーネントに分割し、コンポーネント間のつながりを緩やかにすることで、障害の影響を極小化する狙いがあった。夜間のバッチ処理の仕組みも改め、大量の振り込みであってもオンライン処理するやり方に変えた。

SOAの全面採用もバッチ処理の解体も「三度目のシステム障害を防ぐ」という課題への対策だった。

みずほFGがMINORIの開発を本格的に始めたのは、二〇一一年三月に発生した二度目のシステム障害の後だ。当初はアプリケーションごとに順次リリースする方針だったが、途中で全てのアプリケーションを一括で更新するやり方に改めた。システム移行に伴うリスクを最小限に抑える狙いだった。

みずほ発足以来の悲願

勘定系システムの刷新と統合は、二〇〇〇年にみずほホールディングス（現：みずほFG）が発足して以来、十九年越しの悲願だった。前身となる旧第一勧業銀行、旧富士銀行、旧日本興業銀行の旧三行は経営統合する方針を決めた一九九九年の時点で、勘定系システムを早期に全面刷新する考えを持っていたからだ。

旧第一勧銀、旧富士銀、旧興銀の旧三行は一九九九年八月の経営統合発表に際して、その目的が「戦略ＩＴ投資の強化」にあるとしていた。当時の主要な米国銀行に並ぶ「毎年一千五百億円程度」のＩＴ投資を敢行するとし、その原資を確保するためにまずは三行の既存システムを統合してシステム運用費などを節約する。そしてシステム統合が終わり次第、「新しい金融商品やサービスを支えるシステムや、マーケティングに使えるデータベース・システムに積極投資していく」（旧富士銀の山本惠朗頭取＝当時）とのもくろみを明かしていた。

旧三行は一九九九年十二月に、リテール分野の勘定系システムを旧第一勧銀の「ＳＴＥＰＳ」に、ホールセール分野の勘定系システムを旧興銀の「Ｃ‐ｂａｓｅ」に片寄せする方針を打ち出した。そして二〇〇二年四月の新銀行発足までに片寄せを済ませたら、すぐに次期システム開発に着手するとしていた。

しかし旧三行が個別に進めていた片寄せ作業は難航する。当時の持ち株会社であるみずほホー

2011年3月、2度目のシステム障害に際しての記者会見で謝罪するみずほ銀行の経営陣

みずほを巡る20年の主なできごと

1999年	8月	第一勧業、富士、日本興業の旧3行が経営統合すると発表
	12月	リテールは第一勧銀、ホールセールは興銀の勘定系システムに片寄せすると発表。統合後、早期に後継システムを構築する方針だった
2000年	11月	リテール分野の統合作業を一時中断。第一勧銀と富士銀の勘定系システムを「リレーコンピューター」で接続する方針に変更
2002年	4月	旧3行の統合初日に大規模なシステム障害が発生
2004年		新しい勘定系システムの開発を開始
	12月	第一勧銀と富士銀の2系統に分かれていた勘定系システムを第一勧銀側に片寄せ
2005年		「ハブシステム」の開発が完了
2008年		次期勘定系システムの「業務共通基盤」を開発開始
2010年		「ローン」など勘定系の周辺システムの開発が完了
2011年	3月	東日本大震災をきっかけに大規模なシステム障害が発生
	5月	旧みずほ銀行と旧みずほコーポレート銀行の合併に向けて検討を始めると発表。併せて、みずほ信託銀行を含めた3行で勘定系システムを刷新・統合することも決定
	6月	次期勘定系システムの開発を本格化。2016年3月末の開発完了を目指す
2013年	7月	旧みずほ銀行と旧みずほコーポレート銀行が合併
2014年	4月	次期勘定系システムの開発完了を9カ月延期
2016年	11月	2度目の延期を発表。開発完了を数カ月延期
2018年	6月	システム移行を開始
2019年	7月	新勘定系システム「MINORI」が全面稼働

ルディングスは二〇〇〇年十一月、新銀行発足時にはSTEPSと旧富士銀行の勘定系システム「TOP」を残し、この二つをリレーコンピューター（RC）でつなぐ方針に転換した。RCでつなぐのは一年程度で、その後は新しい勘定系システムに移行するとも述べていた。これらの経緯は本書の第10章で詳しく述べている。

みずほ銀行設立初日に「一度目」の大規模システム障害

しかし旧三行は二システムの接続に失敗する。みずほ銀行設立初日の二〇〇二年四月一日に大規模なシステム障害を引き起こしたのだ。みずほ銀行にとって「一度目」となるこのシステム障害は本書の第11章で詳しく述べている。

システム障害を重く見たみずほ銀行は二〇〇二年七月に、システム統合の方針を再検討し始めた。STEPSとTOPという二系統ある勘定系システムを一本化する必要があるか再検討するプロジェクトを発足し、一九九九年に行った議論を再び始めた。再検討した結果、一九九九年と同じ結論に達した。みずほ銀行の勘定系システムは旧第一勧銀のSTEPSに片寄せすることになったのだ。

そして二〇〇二年十月から勘定系システムの一本化を前提に、ユーザー部門を含めて要件定義を改めて開始した。結果論ではあるが、半年以上の時間を浪費した。

こうした事情から、みずほ銀行のシステム統合は大きく遅れた。移行が完了したのは二〇〇四年十二月二十日のこと。当初計画では二〇〇二年四月までに終わらせているはずの作業だったが、実際には二千日の期間と四千億円もの巨費を要した。

本来であればみずほ銀行は片寄せを完了させたらすぐに、ＳＴＥＰＳの全面刷新に取り組む必要があった。ＳＴＥＰＳが稼働を開始したのは一九八八年のことであり、老朽化が著しかったからだ。

他のメガバンクは一九九〇年代後半から、巨大な勘定系システムを「コンポーネント」に分割して「ハブ」と呼ぶ連携システムでつなぐ「ハブ・アンド・スポーク」の仕組みを導入し始めていた。ＵＦＪ銀行（当時）や三井住友銀行は二〇〇四年までに、従来のファイルベースのバッチ処理による口座振替システムを、汎用データベースソフトウエアを使った「オンラインバッチ」に全面刷新していた。こうした現代化がＳＴＥＰＳにも必要だった。

二〇〇四年に仕切り直した新勘定系システム開発

みずほＦＧも二〇〇四年に、改めて次期勘定系システムの開発を始めた。刷新は三ステップに分けた。「第一ステップ」はハブシステムの整備だ。勘定系システムと「チャネル系システム」とをハブによって接続する。チャネル系システムとは営業店端末やＡＴＭ、銀行間の決済ネットワークを担う全国銀行データ通信システム（全銀システム）などと連携するシステムである。並行して法人向けのインターネット取引システムの構築も進める。

続いて「第二ステップ」として、ローンや総合給与振り込みシステムなど勘定系システムにとっての周辺システムを刷新する。ここまではいわば準備段階だ。

「第三ステップ」として、本丸である勘定系システムを刷新する。まず業務アプリケーションの基盤となる「業務共通基盤」を構築する。その基盤の上に旧みずほ銀行、旧みずほコーポレート銀行、みずほ信託銀行の勘定系システムを統合する。みずほFGは第三ステップにおける業務共通基盤の構築を「第三ステップの一」、基盤上でのアプリケーション開発を「第三ステップの二」と呼んでいた。二〇〇四年の計画では、勘定系システムの刷新は二〇一一年度に完了させる予定だった。

しかし第二ステップに当たる周辺システムの刷新が大きく遅れたことから、勘定系システムの刷新自体も暗礁に乗り上げてしまった。二〇〇四年の計画では周辺システムの刷新は二〇〇六年までに終わらせるはずだったが、最終的に二〇一〇年までずれ込んだ。第三ステップも並行して二〇〇八年に着手していたが、第二ステップの完了に多くの人手を割かざるを得なかったため、限られた人員で細々と進めていただけだった。

勘定系を刷新できぬまま東日本大震災が発生

そして第三ステップとして業務共通基盤の開発を進めていた二〇一一年三月、東日本大震災が発生した。この時点で新しい勘定系システムのアプリケーション開発は手つかずで、当然ながら完了の見込みも立っていなかった。東日本大震災に関連する大量の義援金振り込み依頼は老朽化した古い勘定系システムであるＳＴＥＰＳに押し寄せ、大規模システム障害を引き起こした。二度目のシステム障害は本書の7～8章で詳しく述べている。

みずほ銀行が再び大規模システム障害を引き起こした事実は、銀行を監督する立場にある金融庁にも衝撃を与えた。東日本大震災という「国難」のさなかに、決済システムという社会インフラが機能不全に陥ったためだ。

みずほ銀行でシステム障害が発生したのは二〇一一年三月十四日の夜のことで、それによって三月十五日の朝までに完了しておくべき十五日付の振り込み三十一万件が処理されないままになった。システム障害はその後も続き、ＡＴＭなどが利用できなくなっただけでなく、十六日付の振り込み、十七日付の振り込み、十八日付の給与振り込みと給与以外の振り込みが次々と処理できなくなった。みずほ銀行は十八日の時点で最大百十六万件（八千二百九十六億円）の振り込みが未処理のままになったと発表していた。しかし実際に処理できなかった振り込みは合計百二十万件で、それに加えて他行からの振り込み百一万件も未処理になっていた。

こうした振り込みの未処理が完全に解決し、勘定系システムが正常に稼働できるようになったのは、障害発生から十日がたった三月二十四日のことだった。

金融庁からの業務改善命令

これを受けて金融庁は二〇一一年五月三十一日に、みずほ銀行とみずほＦＧに対して業務改善命令を出した。金融庁はシステム障害の再発防止策やシステムリスクの総点検を命じると共に、みずほＦＧに対してシステム戦略を見直すようにも命じた。みずほＦＧやみずほ銀行に対して行った緊急検査を通じて、「現行システムに内在する課題を踏まえたＩＴ投資戦略」や「人材育成や適材適所の人材配置」に課題があると判断したからだ。

つまり金融庁は、みずほＦＧやみずほ銀行の経営トップが適切なシステム投資をせずに問題がある勘定系システムを放置し、システムを理解する人材の育成も怠っていたと断じたわけだ。

金融庁は業務改善命令の中で「平成十四年（二〇〇二年）のシステム障害の改善策として掲げられたグループ一体感の醸成への取組が十分でなく、依然として、企業風土等に課題が認められる」と、みずほＦＧの体質についてかなり踏み込んだ指摘もしている。

実際、二度目の大規模システム障害が発生した時点で、みずほＦＧとみずほ銀行、みずほコーポレート銀行にはそれぞれ情報システム部門が存在し、ＣＩＯ（最高情報責任者）も会社ごとに別だった。会社組織やオフィスが別だったので、システム障害に関する情報を現場同士で共有することもできなかった。別の会社の情報システム部門と連携するには、「組織のラインを通じて」やり取りする必要があったためだ。

みずほFGの安部大作副会長執行役員は二〇一一年三月の時点で、みずほFGのCIOを務めていた。安部副会長はシステム障害当時を振り返って「持ち株会社のCIOとしてみずほ銀行の勘定系システムの問題にどこまで手を出してよいのか。みずほ銀行にもCIOがいて、組織のトップとして頭取がいる。判断が非常に難しかった」と反省を述べる。

このときは結局、みずほFGやみずほ銀行の情報システム部門に加えて、システム開発の実務を担うみずほ情報総研の担当者などが東京・内幸町にあるみずほ銀行の本部ビルに集結することでようやく、十日に及んだシステム障害を解消できた。

金融庁からの業務改善命令を受けてみずほFGは二〇一一年六月に業務改善計画を発表し、その中でシステム障害を再発しないためのリスクチェックなどを実施すると共に、勘定系システムを二〇一六年三月末までに刷新するとした。

計画は仕切り直しだが、推進体制は様変わり

この際に発表した勘定系システムの刷新計画は、実際には従来計画の仕切り直しだった。その証拠にみずほFGのグループ内におけるMINORI開発プロジェクトの通称は「三の二」だった。二〇〇四年に開始した計画の中で既に始めていた「第三ステップの二」の略称である。

新しい勘定系システムであるMINORIは、SOAや日本IBM製メインフレームの採用、みずほ銀行とみずほコーポレート銀行、みずほ信託銀行三行のシステム統合など様々な特徴が存

在するが、それらは全て二〇一〇年までに決まっていたものだ。

しかし大きく変わった点もある。まずシステム刷新プロジェクトの完了時期を明言した。みずほFGとみずほ銀行は二〇一二年十月に金融庁が業務改善命令を解除するまで、三カ月に一度、システム改善の進捗状況を金融庁に報告もしていた。実際には二〇一一年六月に発表した「二〇一六年三月末まで」というゴールは達成できず、すべての作業が終わったのは二〇一九年七月になったが、みずほFGは不退転の決意でシステム刷新をやり遂げた。

システム刷新プロジェクトの推進体制も大きく変わった。従来はグループ各社の情報システム部門がそれぞれにバラバラに動いていたが、持ち株会社であるみずほFGがシステム刷新を強力に推進する体勢に改めたのだ。

みずほFGは二〇一二年四月に、みずほFG、みずほ銀行、みずほコーポレート銀行の企画・管理部門を統合した。システム刷新を推進する権限や人員はみずほFGの情報システム部門に集約した。みずほFGの安部CIOは新たに「グループCIO」に就任し、みずほ銀行、みずほコーポレート銀行、みずほ信託銀行のシステム担当役員を兼務した。みずほ銀行とみずほコーポレート銀行の情報システム部門は、既存システムのメンテナンスに専念させた。

みずほ情報総研で勘定系システムを熟知する人材はみずほFGとみずほ銀行に出向させた。また、みずほ情報総研の「銀行システムグループ長」はみずほFGの情報システム部門の兼任とした。みずほ情報総研の銀行システムグループは、勘定系システム開発の実行部隊である。

みずほＦＧの安部グループＣＩＯは二〇一二年六月に、みずほＦＧの常務取締役に就任する。さらに二〇一三年四月からはみずほＦＧの取締役副社長とみずほ銀行の副頭取を兼務するようになった。それまではみずほＦＧのＣＩＯは、取締役会のメンバーではなかった。ＣＩＯの立場をより重くし、経営トップの強いリーダーシップの下にシステム刷新を進め始めた。みずほ銀行とみずほコーポレート銀行は二〇一三年七月に、法人としても一つになった。

踏み切れなかったシステム刷新

なぜみずほＦＧは二度目の大規模システム障害が発生するまで、勘定系システムを刷新できなかったのだろうか。

みずほＦＧやみずほ銀行は、老朽化していた勘定系システムについて「まだ使い続けられる」と油断していた。みずほ銀行が設置した「システム障害特別調査委員会」が二〇一一年五月二十日に発表した、二度目の大規模システム障害に関する「調査報告書」にそれを裏付ける記述がある。

みずほ銀行は二〇〇二年に起こした一度目の大規模システム障害の後に、新規開発システムに関する品質向上策や、システム障害の防止策に力を入れる一方で、従来の勘定系システムであるＳＴＥＰＳ自体は「長年安定稼働している」「障害発生件数が減少傾向にある」と認識していた。そのため、ＳＴＥＰＳなど「預金・為替システム群」のシステム運用リスクについては、最高レベルではなく、それよりも一段階低く見積もっていたのだという。

経営上の判断もあった。「何かなければ四千億円という投資は決断できない」。勘定系システムの刷新について、みずほFGのある役員はそう振り返った。大規模システム障害のような大きなきっかけがなければ、勘定系システムの刷新に投資できなかったとの趣旨だ。

みずほ銀行の勘定系システムは、銀行のリテール業務を支える存在である。しかし過去三十年間で、銀行のリテール業務の収益性は大きく低下した。新たな収入が得られるわけでもない勘定系システムには、そうそう巨額の資金は投じられなくなった。

一九八〇年代まではそうではなかった。企業の資金調達が間接金融中心だった一九八〇年代までは、銀行の融資に対して企業側の大きな需要があり、銀行はそれを満たすためにとにかく預金を増やす必要があった。「預金獲得、口座獲得のためには勘定系システムの整備が不可欠だった」。メガバンクのCIO経験者は一九八〇年代をそう振り返る。だから各行は競うように勘定系システムへ投資した。

しかし企業の資金調達が株式や債券発行による直接金融中心になると、その構図は崩れた。預金獲得の重要性は薄れ、銀行のリテール業務の収益性も下がっていった。それに伴い銀行の勘定系システムへの投資意欲も減速していった。

二〇〇〇年代に入ると、経営体力が限られる地方銀行は次々と勘定系システムを複数行で共同化していった。共同化によってシステム投資を節約する狙いがあった。しかしメガバンクの勘定系システムは、共同化するにはあまりにも規模が大きすぎた。みずほFGも勘定系システムを刷新しなければならないことは分かっていたが、決断を下せなかった。

新しい勘定系システムMINORIの開発プロジェクトは、みずほFGにとって過去の歴史との決別でもあった。

第2章

さらば八〇年代、新システム「MINORI」の全貌

「レガシーシステムの始末のつけ方として良い回答が出せた。今後十年、二十年は当たり前に使える」。二〇一九年七月の開発プロジェクト完了から一カ月が経過した二〇一九年八月、新勘定系システム「MINORI」の開発に長年携わってきたみずほフィナンシャルグループ（FG）の安部大作副会長執行役員は、穏やかな表情の裏に自信をのぞかせた。

メガバンク各行は銀行合併を繰り返す過程で勘定系システムの統合を進めてきたが、大規模な刷新には踏み切ってこなかった。三菱UFJ銀行は旧三菱銀行が一九八〇年代後半に構築したシステムを、三井住友銀行は旧住友銀行が一九九〇年代前半に構築したシステムを使い続けている。そしてみずほ銀行も旧第一勧業銀行が一九八八年に構築した「STEPS」をこれまで使ってきた。

各行ともハードウエアは定期的に更新しているが、システムの構造そのものは、かなり年季が入ったものだ。二〇一九年七月に全面稼働したみずほ銀行のMINORIが、相対的に新しい勘定系システムであることは間違いない。

みずほFGの安部副会長は、単に老朽化したシステムから脱却できたことに満足しているわけではない。勘定系システムの仕組みを根本から改め、モダンな設計思想で全面再構築できたことを、「良い回答」と表現したのだ。

みずほ銀行はMINORIの開発に当たってSOA（サービス指向アーキテクチャー）と呼ばれる設計思想を全面採用した。SOAとはアプリケーションやその機能を「サービス」としてコンポーネント化（部品化）し、サービスを組み合わせることで様々な機能を実現する設計手法を指す。勘定系システムにSOAを全面採用したメガバンクはみずほ銀行が初めてとなる。

SOAで言うサービスとは、プログラムが備える機能が別のシステムから容易にネットワーク経由で呼び出せる（利用できる）ように実装されていることを指す。プログラムはネットワーク経由で別のシステムから「入金処理をしてください」「今日一日の集計結果を渡してください」と依頼されると、それに従ってデータをシステムに登録したり、決められたフォーマットでデータを送信したりする。

様々なシステムが連携し合う現在のインターネットを利用する多くの人々にとっては、こうした概念は当たり前のように思われるかもしれない。しかし一九九〇年代まではそうではなかった。プログラムの機能は人間（エンドユーザー）が操作するユーザーインターフェース（UI）経由でなければ利用できないのが当たり前だった。そうしたプログラムにおいては、人間はキーボードやマウスを使って情報を入力し、その結果をモニター（画面）で確認することで機能を利用できる。しかし「肉体」を持たないソフトウエアはキーボードやモニターを使えないので、プログラムの機能を利用できなかった。

プログラムがサービスになっていないと、データの受け渡しも難しい。読者の中には今でも、あるプログラムで管理するデータを「CSVファイル」で書き出して、それを別のプログラムに読み込ませるといった作業を日々やっている方も多いことだろう。それはそのプログラムがサービスとして実装されていないからだ。サービスとして実装されていれば、そのプログラムが管理するデータは、別のプログラムから簡単にネットワーク経由で取り出せる。

SOAは二〇〇〇年代前半から普及が始まった設計思想で、今ではシステム開発の正攻法として定着している。会社のホームページに「グーグルマップ」の地図を埋め込んだり、「Facebook」のアプリケーションの中で「YouTube」の動画を見たりできるのも、グーグルマップやYouTubeがサービスとして実装されているからだ。最近は独立性の高いサービスを組み合わせることでアプリケーションを作る「マイクロサービス」と呼ばれる設計思想を耳にする機会も増えたが、これもSOAの発展系だ。しかし一九八〇年代から刷新されることのなかった銀行勘定系システムの世界では、なかなかSOAは導入されてこなかった。

MINORIにおけるSOA導入の大きなメリットは、個々のサービスが独立して稼働するため、システム変更が生じた際の影響範囲を極力抑えられる点だ。レガシーシステムと呼ばれる旧来型のシステムは、プログラム同士が密接に結びついたモノリシック（一枚岩）な構造になっており、システム変更による影響範囲が大きくなる傾向があった。みずほ銀行はSOAを採用することで、今後のアプリケーション開発にかかる期間を約三割短縮できると弾く。トラブル対策としての期待も大きい。何らかの不具合が生じた際に、システム障害の影響範囲を限定しやすいからだ。

SOAを全面採用したMINORIの全貌をより詳しく見ていこう。

ＭＩＮＯＲＩの主役は三つ

勘定系システムは銀行の三大業務とされる「預金」「融資」「為替」を中心とした基幹業務を支えるシステムである。顧客の預金口座をデータベース（ＤＢ）で管理し、取引処理を担う。例えば個人顧客が残高照会や入出金をする場合、勘定系システムが預金口座のＤＢにアクセスし、口座残高のデータを参照したり更新したりするわけだ。メガバンクの口座数は膨大な数に上り、処理量も多い。ＭＩＮＯＲＩは個人顧客だけで約二千四百万の口座を管理している。

ＭＩＮＯＲＩのなかで主役と言える要素は三つある。「業務アプリケーション」、「ＣＩＦ（カスタマー・インフォメーション・ファイル）」、「取引メイン」だ。

業務アプリケーションは「流動性預金」、「定期性預金」、「内国為替取引」、「外国為替取引」、「与信取引」、「ローン」といった具合に銀行の商品や業務単位で構築している。流動性預金とは普通預金や当座預金などを指し、定期性預金はその名の通り定期預金のことだ。内国為替取引は国内口座間の資金移動、外国為替取引は国境を越えた口座間での資金移動に関する業務が該当する。与信取引やローンは、融資をはじめとする信用に基づく銀行取引である。

それぞれのアプリケーションは、「商品サービス」という独立したコンポーネントで構成される。最大規模の流動性預金は三百種類の商品サービスからなっており、ＭＩＮＯＲＩ全体の商品サービスは約三千種類に及ぶ。

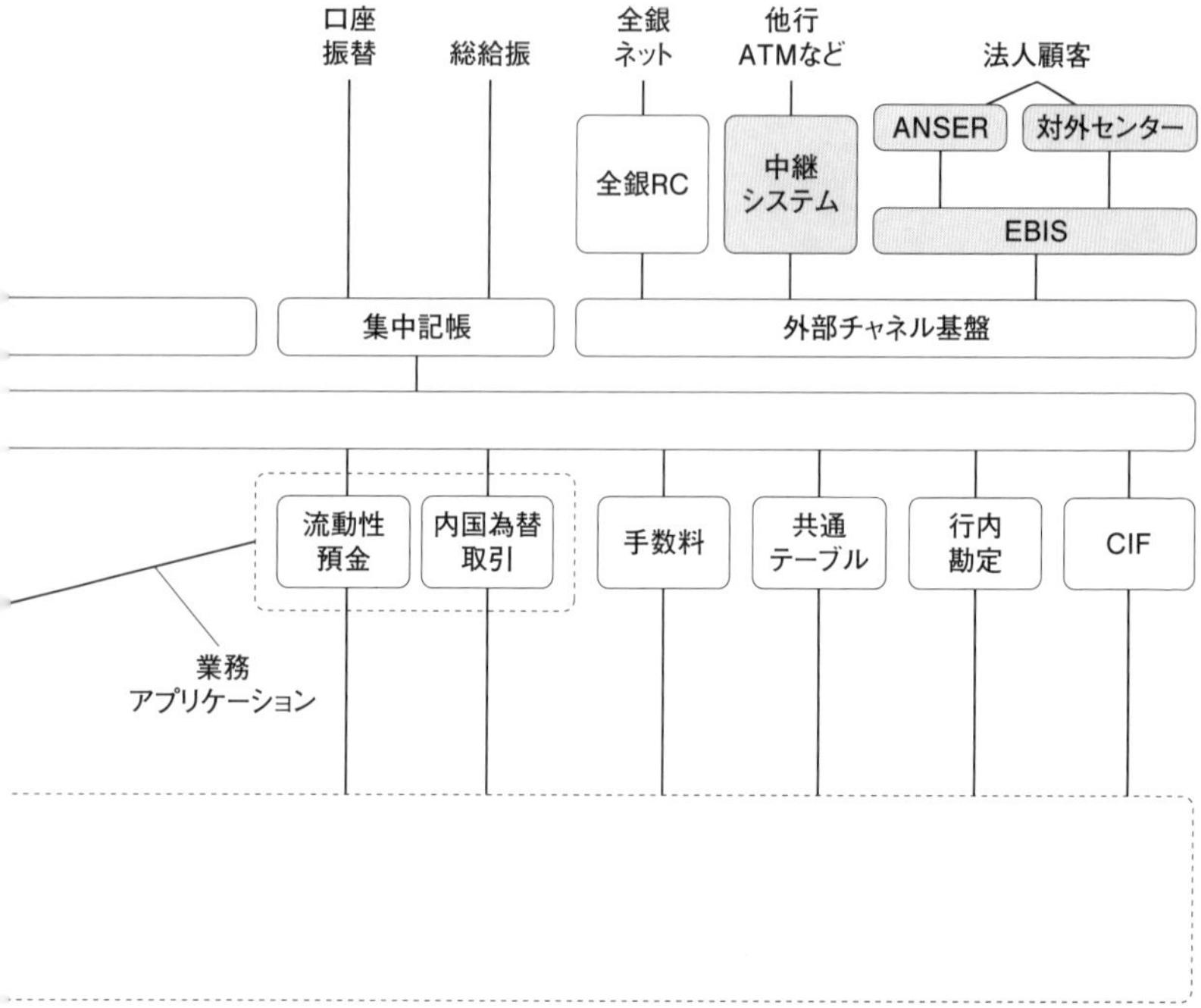

注：みずほフィナンシャルグループの資料を基に日経コンピュータ作成
：「MINORI」における新規開発の対象外

業務アプリケーションにはそれぞれ、残高などの顧客データを記録する「元帳」がある。そして業務アプリケーションごとに分散記録された顧客データを統合する役割を果たすのがCIFだ。ファイルという名前がついているが、その実態はDBである。

取引メインは、どの商品サービスをどんな順番で呼び出して連携させるかといったワークフローを制御する司

新システム「MINORI」の全体像

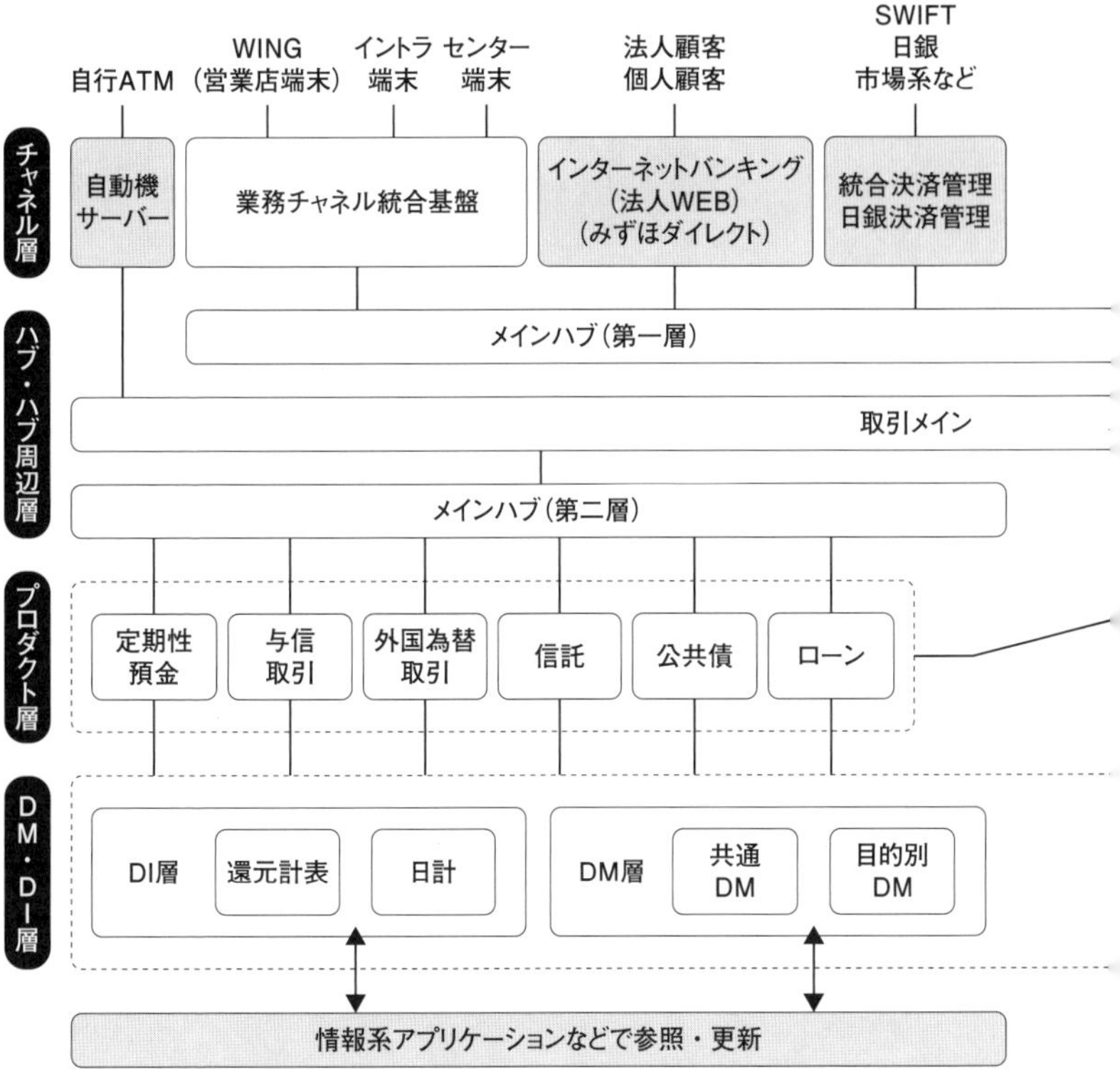

令塔に当たる。業務アプリケーションをまたいだトランザクションの管理も担う。

業務アプリケーション、CIF、取引メインの三つが勘定系システムの中核をなし、その周りに銀行ならではのサブシステムがある。営業店端末やATM、銀行間の決済ネットワークを担う全国銀行データ通信システム（全銀システム）などと接続する各種の「チャネル系システム」。さらに、業務アプリケーションやチャネル系にとってゲートウエイの役割を果たす「メインハブ」、勘定系システムで処理した振込処理などの結果を伝票として営業店に戻す「還元計表」、営業店ごとに一日の取引計数などを集計した「日計」などのシステム群だ。ほかにも、勘定系システムのデータを情報系システムから利用できるようにする「データマート（ＤＭ）」もある。いわゆるデータウエアハウス（ＤＷＨ）のことである。

十五年を経て復活したミドルウエア

実際の銀行業務において、ＭＩＮＯＲＩはどのように動作するのか。例えば、普通預金から出金する処理をみると分かりやすい。

まず業務チャネル統合基盤とメインハブが、営業店端末などから送られてきた電文の桁数などを確認し、正規の処理かをチェックする。その後、取引メインが複数の商品サービスを順番に呼び出すという流れだ。出金の例で言えば最初にＣＩＦで取引先を確認・特定し、手数料アプリケーションで手数料を計算。最後に流動性預金アプリケーションの元帳を更新し、出金手続きを終える。

ＭＩＮＯＲＩは複数の業務アプリケーションにまたがる処理を、一つのトランザクションとして処理している。何か問題が生じた場合は、一連のトランザクションを全てロールバックする仕様だ。こうした手順は、司令塔である取引メインにＣＯＢＯＬプログラムで定義してある。ＭＩ

出金取引におけるサービス連携の流れ

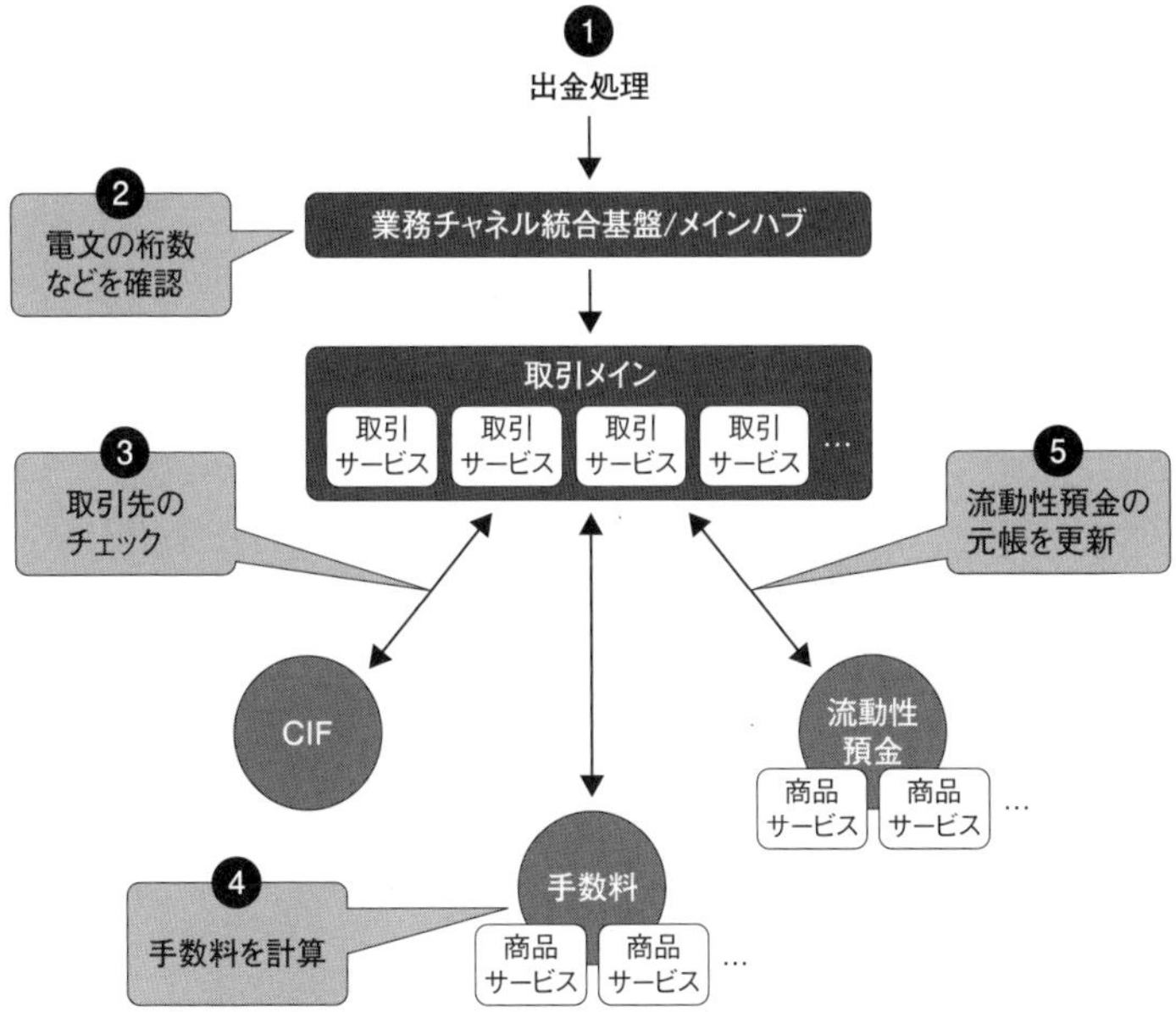

ＮＯＲＩにおいてはこのＣＯＢＯＬプログラムを「取引サービス」と呼んでおり、その数も三千種類に達する。

取引メインの基盤として複雑なトランザクション処理を支えているのは日本ＩＢＭ製のメインフレームで、取引サービスの開発には同社製ミドルウエアの「ＳＡＩＬ」を採用している。ＳＡＩＬは一九八〇年代、旧富士銀行と旧三菱銀行が第三次オンラインシステムを構築した際に、両行と協力して日本ＩＢＭが開発したミドルウエアで、銀行勘定系システムに特化している。二〇〇四年に旧富士銀行の勘定系システム「ＴＯＰ」が旧第一勧業銀行のＳＴＥＰＳに片寄せされたことで、ＳＡＩＬはみずほ銀行から一度は姿を消した。それが十五年の時を経て、舞い戻った格好だ。

システム変更の影響を最小限に

このようにＭＩＮＯＲＩは、コンポーネントを連動させながら動作する。各コンポーネントの独立性が高い「疎結合」の状態だ。これがＳＯＡを全面採用したＭＩＮＯＲＩの最大の特徴である。

勘定系システムにおいて一定のコンポーネント化を進めてきた銀行は他にもあった。しかし、「サービス単位で細かく分けている例はあまりない。しかもコンポーネントの内部は密接に結合していることが多かった」と、勘定系システムに詳しいＩＴベンダーの関係者は説明する。みずほＦＧの米井公治常務執行役員は、「これだけ大規模な勘定系システムをＳＯＡで開発した例はないのではないか」と話す。

前述したようにＳＯＡはシステム変更が生じた際の影響範囲を極力抑えられる。メリットとしてイメージしやすいのが、プログラム変更に伴う影響を確認する回帰テスト（リグレッションテスト）だ。金融業界は特に厳格な回帰テストが求められる。前出のＩＴベンダー関係者は、「二〇〇〇年問題の頃から『想定外を許さない』という立場の金融庁が厳しい回帰テストを求めるようになった」と証言する。一方、ＭＩＮＯＲＩのシステム構造は疎結合になっているため回帰テストのパターンを抑え、開発工数を削減できる。

ＭＩＮＯＲＩにおいては特殊なオンラインプログラムでない限り、システムを稼働させたままプログラムを入れ替えることも可能にした。プログラムの更新を始める前に、オンライン処理をいわば縮退運転に切り替える。部分的に機能や性能を落としている間にプログラムを更新するわけだ。

さらにＳＯＡを採用することで耐障害性も高まる。障害発生時にトラブル箇所の特定が容易になり、迅速で効果的な対処がしやすくなるからだ。二〇一一年三月に大規模システム障害が発生した際、みずほ銀行が利用していた当時の勘定系システムＳＴＥＰＳは老朽化し、内部構造が把握しづらい「ブラックボックス」の状態に陥っていた。トラブルが発生した箇所を特定するのに手間取るうちに、障害が雪だるま式に膨らんでいった。ＭＩＮＯＲＩならばこうした問題が起きづらくなる。みずほ銀行にとって最も優先すべきは、二度と大規模なシステム障害を発生させないこと。ＳＯＡ採用には過去の失敗への対策という側面がある。

全店共通の顧客管理に移行

ＳＯＡ以外にも、ＭＩＮＯＲＩには注目すべき変化を複数見いだせる。

革新的な変更を盛り込んだのが勘定系システムの要となるＣＩＦだ。刷新前のＳＴＥＰＳは、店番号をキーにして顧客や口座、取引を管理する「店番ＣＩＦ」だった。そのため顧客が訪れる店舗によって、実行できる取引や店舗側のオペレーションに違いが生じることがあった。例え

「STEPS」と「MINORI」の機能の違い

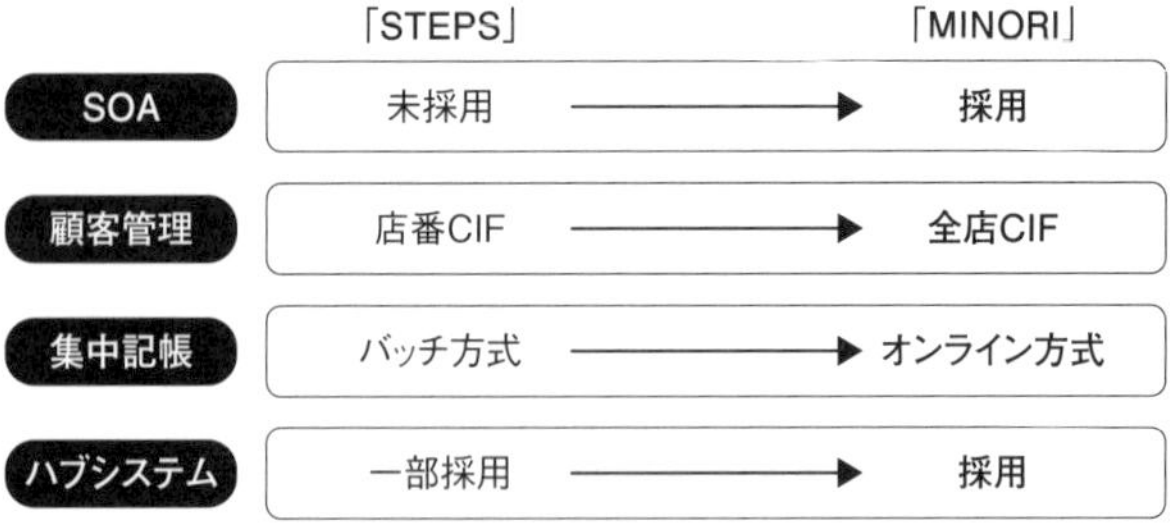

ば、Ａ店で口座を開設した顧客がＢ店で取引する場合、これまではＢ店の職員が営業店端末を「代行店モード」に切り替え、Ａ店に成り代わってオペレーションしなければならなかった。

それに対してＭＩＮＯＲＩは伝統的な店番ＣＩＦから脱却し、全店を通じて顧客ごとに単一の顧客番号を割り振った。顧客番号をキーとして各店舗に分散した口座や取引を管理する「店番レス」のＣＩＦを構築した。口座のある店舗でなくても、どこでも同じように取引できるようにしている。

ＭＩＮＯＲＩが新たに採用した二つのハブシステムは、システム戦略の柔軟性を確保する上で鍵となる存在だ。

ＭＩＮＯＲＩには勘定系システムから見て、外向けと内向けの二種類のハブシステムがある。外向けは営業店端末やセンター端末といった複数の外部チャネルと勘定系システムをつなぐ。チャネル系システムに変更や更新が発生してもハブを変更するだけでよく、勘定系システムの業務アプリケーションに手を加える必要はない。

内向けのハブは業務アプリケーション同士を接続する。ＭＩＮ

ＯＲＩの取引メインやＣＩＦ、流動性預金といった一部の業務アプリケーションは日本ＩＢＭ製のメインフレーム上で稼働する。一方、それ以外の定期性預金や与信取引、外国為替取引といった業務アプリケーションはＬｉｎｕｘサーバーで稼働する。内向けのハブはメインフレームとＬｉｎｕｘとの間で必要なプロトコル変換などを担う。

二〇二〇年にグループ会社向けＡＰＩを導入

みずほＦＧは二〇二〇年度中に、グループ会社向けのＡＰＩ（アプリケーション・プログラミング・インターフェース）ゲートウエイを構築する方針だ。ＡＰＩとは他のシステムに対して機能やデータを提供する際のインターフェース、つまり窓口のようなものだ。

グループ会社向けのＡＰＩゲートウエイの詳細は第５章で後述するが、これを導入することによってプログラミング言語の「Ｊａｖａ」などからＡＰＩを呼び出すだけで、ＭＩＮＯＲＩと連携できるようになる。新規チャネルの追加や周辺システムの開発・変更の際、ＭＩＮＯＲＩ本体を改修する必要はなくなる。

ＳＯＡにおいては、プログラムをサービスとして実装する際にＡＰＩを用意するのが一般的だ。しかしＭＩＮＯＲＩの場合はシステムを連携させる役割を「取引メイン」に負わせた。そのため現在は他のシステムからＭＩＮＯＲＩの機能を使用する際には、メインフレーム上で稼働する取引メインや業務アプリケーションを改修する必要がある。開発言語はＣＯＢＯＬでありミドルウエアはＳＡＩＬだ。ＣＯＢＯＬや勘定系システムに精通していない一般のプログラマーにとって、その開発は容易ではない。ＡＰＩゲートウエイを追加することでこの状況が大きく変わる。「他のシステムに（ＭＩＮＯＲＩへの）ＡＰＩ接続を許可すればよく、ＭＩＮＯＲＩそのものの開発はほとんど不要。テストに対応する程度で済む」と、みずほ銀行の須藤泰自ＩＴ・システム統括第一部次長は説明する。顧客ニーズやビジネス環境の変化に合わせ、スピーディーに次の一手が打てるようになる。

鬼門のバッチ処理を解体

大量バッチ処理の解体も意義深い。みずほ銀行は二〇〇二年四月と二〇一一年三月に起こした二度の大規模システム障害で、合計三百五十万件を超える振込遅延と数万件の二重引き落としを発生させた。ＭＩＮＯＲＩへの移行後は、こうした大トラブルは減るとみられる。

二〇一一年に起きた二度目の大規模システム障害では、夜間バッチ処理の失敗によって大量の振り込みが未送信に陥った。昼間に営業店の従業員が端末を使って一件ずつ振込データを送信し直したが、その情報が夜間バッチの再実行時に反映されず、二重振り込みにつながった。

バッチ処理とは一定期間のデータを蓄積しておき、営業時間外などに一斉に処理する方式のことだ。一般的な企業も利用しているが、みずほ銀行の処理データは特に件数が多い。しかもＳＴＥＰＳの場合はシステムの作りが古かったため、エラーなどで一度処理が止まると最初から処理

集中記帳システムの改善点

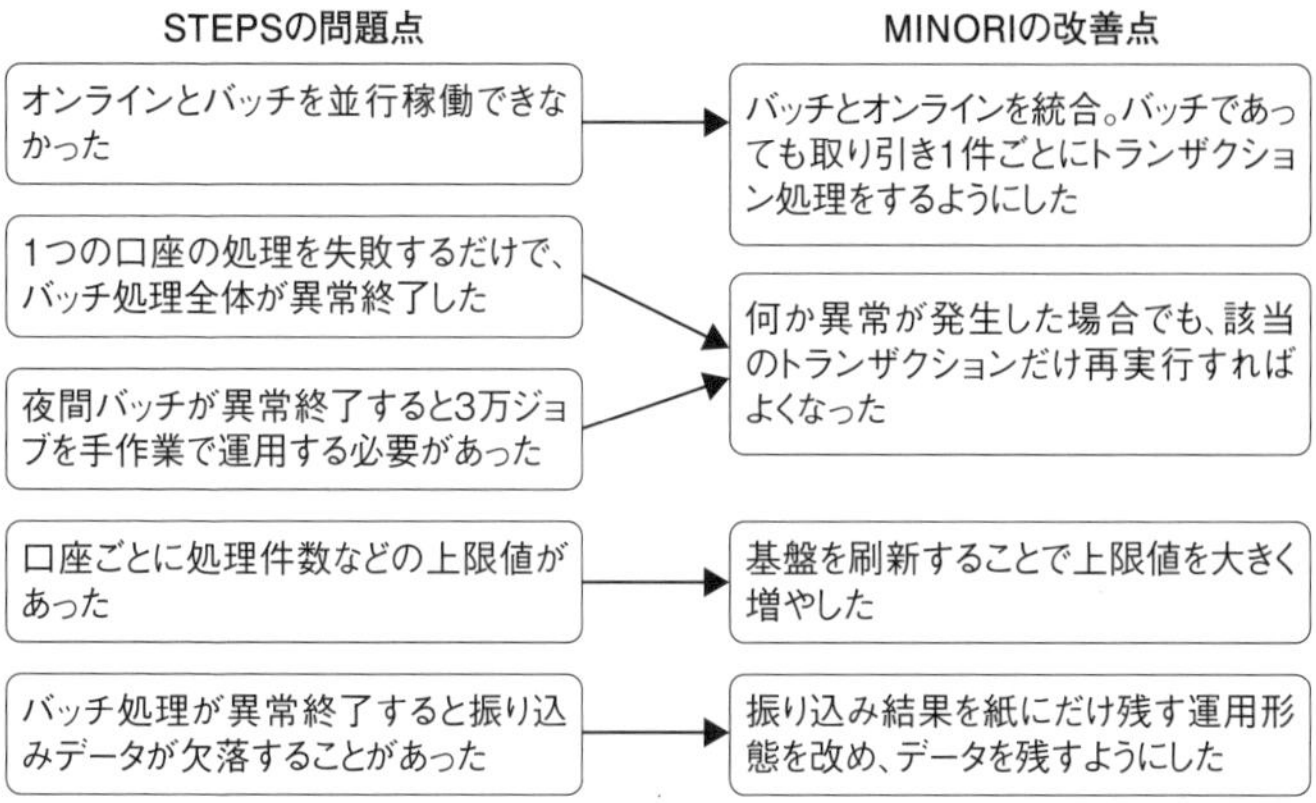
STEPSの問題点
MINORIの改善点
オンラインとバッチを並行稼働できなかった
バッチとオンラインを統合。バッチであっても取り引き1件ごとにトランザクション処理をするようにした
1つの口座の処理を失敗するだけで、バッチ処理全体が異常終了した
夜間バッチが異常終了すると3万ジョブを手作業で運用する必要があった
何か異常が発生した場合でも、該当のトランザクションだけ再実行すればよくなった
口座ごとに処理件数などの上限値があった
基盤を刷新することで上限値を大きく増やした
バッチ処理が異常終了すると振り込みデータが欠落することがあった
振り込み結果を紙にだけ残す運用形態を改め、データを残すようにした

を実行し直さなければならなかった。みずほ銀行による過去のトラブルは、このバッチ処理に端を発しており、いわば鬼門だ。

ＭＩＮＯＲＩは大量の振り込みを一件ずつ単一のトランザクションとしてオンライン処理する。振り込みに失敗しても、失敗した処理だけやり直せるようにした。最初から全件の処理をやり直したり、手作業で送り直したりする必要はない。

処理の流れはこうだ。電力会社からの口座振り替えなどの依頼は、「口座振替」システムや「総合振込・給与振込（総給振）」システムが受け付ける。振込依頼データはネット経由で送られてくる場合もあれば、磁気テープに格納した状態で送られてくることもある。口座振替・総給振の両システムは依頼データを整形し、「集中記帳」アプリケーションへと送る。

メインフレーム上で稼働する集中記帳アプリケーションは、受け取った大量の振込依頼データを解釈して一件ずつの取引に分解。その上で、ＭＩＮＯＲＩの司令塔である取引メインに対してトランザクションとして送信する。取引メインはそれを受けて「流動性預金アプリケーションから出金し、内国為替取引アプリケーションで同額を送金する」といった複数の業務アプリケーションにまたがるトランザクションを処理する。「ＡＴＭで受け付けた振り込みをオンライン処理するのと、仕組み上は全く同じ」。みずほ銀行の間仁田幹央ＩＴ・システム統括第一部次長は説明する。

過去のＳＴＥＰＳは、数十万件を超える振込依頼を一括、つまりバッチで処理していた。しかも二〇一一年三月の大規模障害が起きるまでは、夜間バッチ処理とオンライン処理を並行稼働できなかった。ＳＴＥＰＳのバッチ処理による元帳ＤＢの更新は、全件が終了して初めて整合性がとれる仕組みだった。

これは一九八〇年代に開発されたＳＴＥＰＳが、速度が遅い当時のディスク装置を前提にしたＤＢ更新をしていたためである。ＳＴＥＰＳのバッチ処理は勘定系システムの元帳を更新する際に、その順番をＤＢＭＳ（データベース管理システム）における「アクセスキー」の順番に並び替えていた。ＳＴＥＰＳのＤＢＭＳは階層型ＤＢであり、レコードをアクセスキーの順にディスクに記録していた。低速なディスクをシーケンシャル（連続的）に書き換えるため、ＤＢ更新をアクセスキーの順に整列し直す必要性があったのだ。

ＳＴＥＰＳの夜間バッチ処理は振り込み以外にも、外国為替の送信など合計三万件のジョブで構成していた。ＳＴＥＰＳの夜間バッチ処理が異常終了すると、三万件のジョブを手作業で最初から実行し直す必要があった。障害対応の難易度は非常に高く、二〇一一年三月のシステム障害ではオペレーションミスに伴うデータ消去によって二次被害が生じたほどだ。ＭＩＮＯＲＩは夜間バッチ処理を解体したので、障害対応も従来に比べて大幅にやりやすくなった。

メインフレームを五分の一に

銀行の勘定系システムは、メインフレームと呼ばれる大型コンピュータを利用することが依然として多い。ただし、みずほ銀行の間仁田次長は「ＭＩＮＯＲＩにおいては基本的にオープン技術を採用した」と明かす。結果、多くの業務アプリケーションをＬｉｎｕｘ／ＵＮＩＸサーバーで稼働させている。しかし、大規模な処理能力と高い信頼性が求められる領域だけはメインフレームを使う判断を下した。結果、メインフレームはゼロにはならなかったものの、合計十九台から四台へと約五分の一に激減させている。

旧みずほ銀行が利用してきたＳＴＥＰＳの場合、東京・多摩のデータセンターで五台の富士通製メインフレームを稼働させていた。勘定系システムの本番系が二台、待機系として一台を保有していたほか、対外システムの本番系と待機系を一台ずつ運用。千葉にあるバックアップセンターにもほぼ同じ構成のメインフレーム群を設置しており、合計十台に上った。

旧みずほコーポレート銀行の「Ｃ－ｂａｓｅ」も計六台のメインフレームを抱えていた。東京・麹町に平日用と休日用として日立製作所製メインフレームを一台ずつ。さらに待機系一台を

メインフレームの台数変化

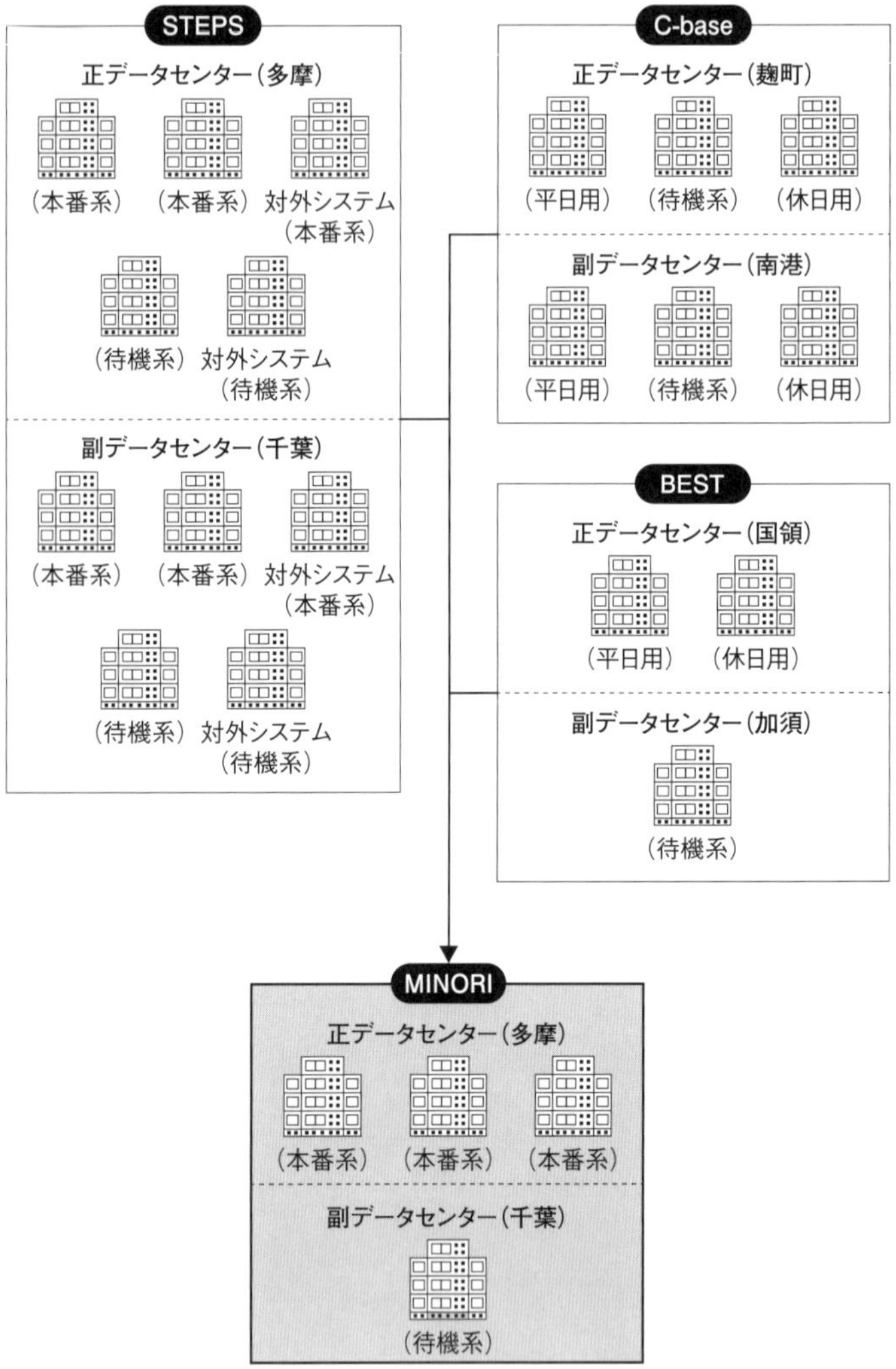

保有し、バックアップセンターの大阪・南港も同様の構成をとっていた。

みずほ信託銀行の「ＢＥＳＴ」はやや小振りだ。東京・国領に日本ＩＢＭ製メインフレームを平日用と休日用で一台ずつ、埼玉・加須のバックアップセンターに一台の待機系をおいていた。三行の勘定系システムを合わせ、十九台のメインフレームを運用していた計算になる。

一方、三行のシステムを統合したＭＩＮＯＲＩは、日本ＩＢＭ製のメインフレームが多摩データセンターに本番系として三台、千葉のバックアップセンターに待機系として一台の合計四台ある。

みずほＦＧは二〇〇八年に新システムの開発を開始する際に、各業務アプリケーションが共通して使用する「業務共通基盤」の稼働環境として、「ｚ／ＯＳ」を搭載した日本ＩＢＭ製メインフレームの採用を決めた。勘定系システムの司令塔として働く取引メインも、このメインフレーム上で動作している。

二〇一一年から各業務アプリケーションの開発を本格化した際、「流動性預金」や「内国為替取引」も日本ＩＢＭ製メインフレーム上に構築することにした。みずほ銀行の間仁田次長は、「決済機能を担うアプリケーションにおいては、データに不具合が発生した際のリカバリーが重要だ。日本ＩＢＭ製メインフレームはロールバックしやすい仕組みになっている。一方、オープン系システムの場合、この部分を作り込まなければならなかった」と、経緯を説明する。

流動性預金と内国為替取引以外の業務アプリケーションはオープン系で稼働する。例えば「定期性預金」は富士通製Linuxサーバー、「与信取引」「外国為替取引」「信託」「公共債」「ローン」は日立のＬｉｎｕｘサーバーで動く。オープン系システムで稼働する業務アプリケーションの開発言語はＪａｖａだ。プロトコル変換などを担う「メインハブ」には、ＩＢＭのＵＮＩＸサーバー（ＯＳはＡＩＸ）を採用した。

長年システムトラブルに苦しんできたみずほＦＧは、新勘定系システムの開発に当たってシステム設計の抜本的な見直しを図った。システム障害が直接的な引き金だったとはいえ、一九八〇年代に稼働した第三次オンラインシステムからの脱却にリスクを侵して挑み、メガバンクとして最初に成功したと言える。みずほＦＧの坂井辰史社長は、「第三次オンラインシステムをいつまでも使い続けるのは不可能。他行もいつかは刷新に取り組まなければならない。我々が一歩先んじることができた意義は大きい」と手応えを口にする。

第3章

参加ベンダー千社、驚愕のプロジェクト管理

みずほ情報総研の委託先体制

左から日立製作所の服部善成事業執行役員、富士通の馬場俊介みずほ事業部事業部長、日本IBMの林勇太金融第二ソリューション・デリバリー統括部長、NTTデータの荻田直人メガバンク統括部第一開発担当部長

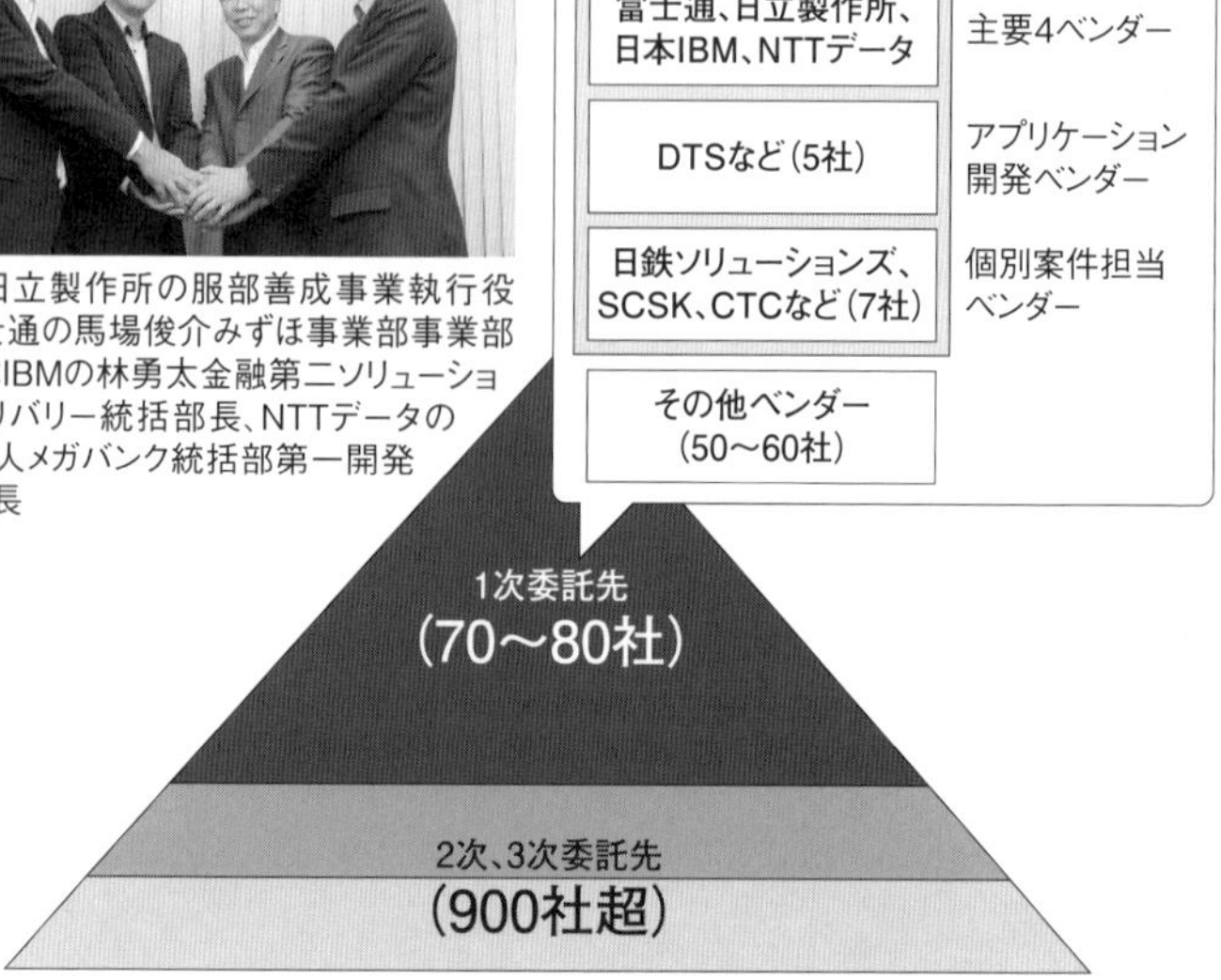

「メガバンクの勘定系システムは社会インフラで、新システムへの移行は国家プロジェクトだと思って取り組んだ」。みずほフィナンシャルグループ（ＦＧ）で新勘定系システム「ＭＩＮＯＲＩ」への移行を取り仕切った高橋直人常務執行役員次期システムプロジェクト統括ＰＴ長は社運をかけたプロジェクトをこう振り返る。

最終的にＭＩＮＯＲＩの開発工数は三十五万人月、費用は四千億円台半ばにまで膨らんだ。それに伴い、ＭＩＮＯＲＩの開発に参加したＩＴベンダーの数も前代未聞の規模に膨れ上がった。

取りまとめ役だったシステム子

会社のみずほ情報総研（ＩＲ）の一次委託先だけで七十〜八十社。二次委託先、三次委託先を合わせると、約千社に上る。総務省の調査によると、情報通信業を手掛ける企業数は五千四百七十四社で、子会社や関連会社を含めても九千八百六社（二〇一五年度）。実に日本中のＩＴベンダーの少なくとも約一割が集結した。

「ＡＳ ＩＳ」の要件定義を全面禁止

なぜこんなにも開発規模は膨らんだのか。それはＭＩＮＯＲＩが完全な新規開発だったからだ。旧みずほ銀行の旧勘定系システムである「ＳＴＥＰＳ」や旧みずほコーポレート銀行の「Ｃ－ｂａｓｅ」、みずほ信託銀行の「ＢＥＳＴ」からはプログラムを一切引き継がず、一から作り直している。

難関だったのが要件定義だ。みずほＦＧはユーザー部門主体で要件定義をやり直した。その際は旧システムの要件や現状の業務フローを踏襲する「ＡＳ ＩＳ（アズイズ）」の要件定義を全面的に禁じた。

「過去の苦い経験から、要件定義においてユーザー部門が『今のままで良い』『アズイズでよろしく頼む』との態度をとるのが最悪だと学んだ」。二〇〇九年以来、みずほＦＧの最高情報責任者（ＣＩＯ）を十年間務めた安部大作副会長執行役員はそう振り返る。

苦い経験とは、みずほＦＧが二〇〇四年から始めた次期システム開発の初期段階を指す。同社が「第一ステップ」と呼ぶハブシステムの導入は計画通り進んだが、続く「第二ステップ」の開発が大きく難航したのだ。

第二ステップは「ローン」や「総合振込・給与振込（総給振）」など勘定系の周辺システムを作り直した。STEPS同様、これら周辺システムも老朽化していたためだ。

しかし二〇〇六年度までに完了させる計画だった第二ステップの開発は四年ほど遅れ、二〇一〇年度までかかった。遅れが生じた原因はアズイズでの要件定義にあった。昔の要件定義を振り返ったり、現行の業務フローを情報システム部門が分析して要件として定義したりするのに膨大な時間を費やした。

「劇薬」のスパルタ式要件定義

MINORIの要件定義に当たっては、ユーザー部門はアズイズではなく「銀行業務を棚卸しして、あるべき業務フローを考えさせた」（みずほFGの加藤正樹事務企画部副部長）。「劇薬」も用意した。ユーザー部門が要件定義をする際に、JBCCが販売する上流工程支援ツール「Xupper」を使わせたのだ。

Xupperは業務フロー図やデータモデル図を作成して業務アプリケーションを設計するツールだ。本来はエンジニアが使用する設計ツールであり、ユーザー部門に使わせるのは異例だ。そこにはこんな狙いがあった。

「MINORI」の業務コンポーネント開発体制

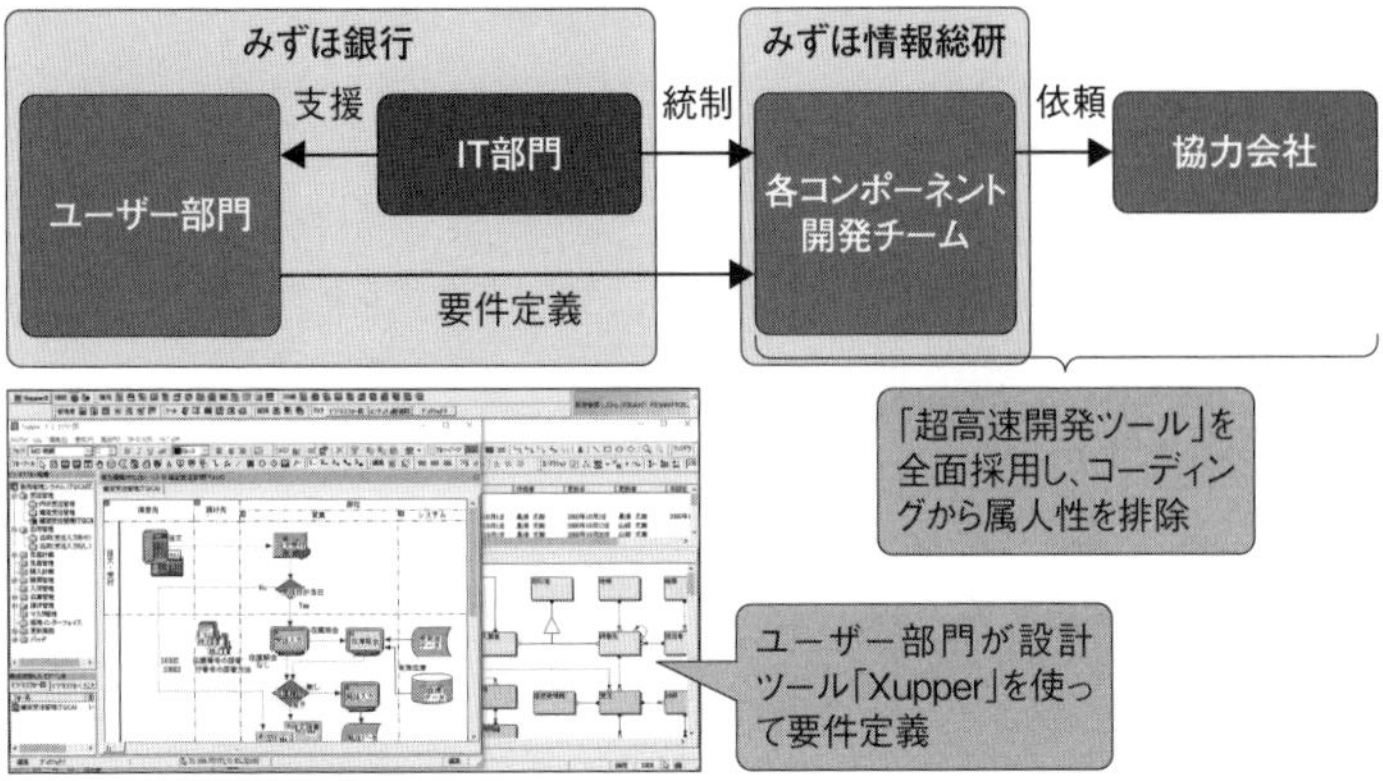

「Xupper」の画面イメージ

Ｘｕｐｐｅｒを使わせるとユーザー部門は業務フロー図を意識せざるを得なくなる。業務フロー図をアズイズの考え方で書き始めると絶対に行き詰まる。その時にユーザー部門はようやく、あるべき業務フローを考え始める――。みずほＦＧはユーザー部門に挫折を経験させるスパルタ方式によって、アズイズの考え方を捨てさせた。

とはいえユーザー部門が単独で要件定義をするのは難しい。そこでみずほ銀行の情報システム部門やみずほＩＲのエンジニアが作業を支援した。

みずほ銀行、みずほコーポレート銀行、みずほ信託銀行の各行で勘定系システムが異なるため、既存の業務フローやシステム用語も各行で違っていた。そこで要件定義に際しては、三行で用語を統一するところから始めた。

例えば未来の日付であらかじめ処理しておくことを、みずほＦＧ内のある銀行は「予約取引」、別の銀

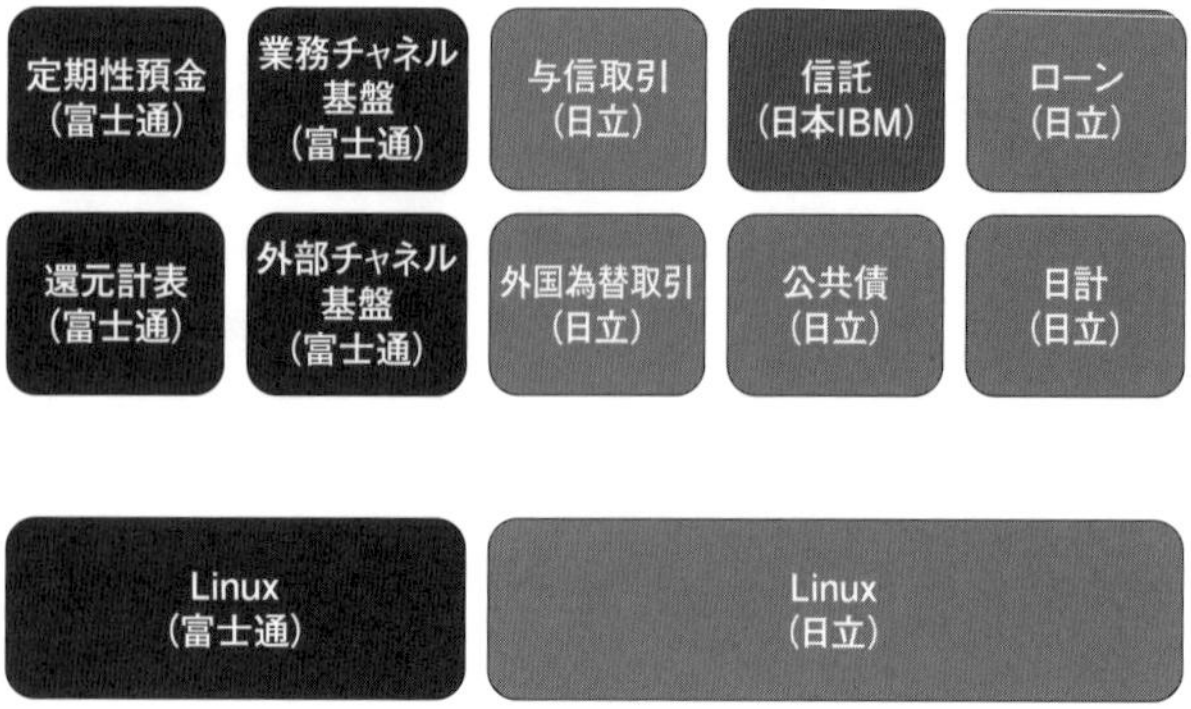

行は「先日付」と呼んでいた。そうした用語の違いをまず無くした。業務フローを統一する際には「みずほ銀行かみずほコーポレート銀行のどちらかに片寄せする」や「みずほ銀行とみずほコーポレート銀行を足して二で割る」のを禁止した。定義したいのはあくまでもあるべき業務フローという考えからだ。

富士通は苦渋の決断

ＭＩＮＯＲＩは業務アプリケーションのコンポーネントである三千種類の「商品サービス」と、商品サービスを連携する三千種類の「取引サービス」で構成する。ただしユーザー部門が定義するのは、業務アプリケーションの画面やデータの入出力といった「外部設計」までだ。各サービスの設計やプログラムの開発（製造）は、みずほＩＲや千社の協力会社が担当した。

千社のなかで、とりわけ重要な役割を担ったのが富士通、日立製作所、日本ＩＢＭ、ＮＴＴデータの主要

主要機能と担当ベンダー

IR：みずほ情報総研

四ベンダーだ。MINORIを構成する業務アプリケーションの大半を開発した。

富士通は銀行業務の中核となる「流動性預金」を中心に担当。日立は「外国為替取引」などを手掛けた。日本IBMはメインフレームをはじめとする基盤提供を主な役割とし、NTTデータはPMO（プロジェクト・マネジメント・オフィス）の支援を担った。

主要四ベンダーを含め、プロジェクト終盤で組織した「トップマネジメント定例」の構成企業十六社が、外部委託した全開発工数の約四分の三を占めた。

みずほ銀行がベンダー選定で重視したのは実績だ。流動性預金が分かりやすい。流動性預金は特にトランザクションが多い業務アプリケーションであり、ミッションクリティカルな運用が求められる。

そこで、日本IBM製メインフレーム上で稼働させることを決めたが、アプリケーション開発は旧勘定系システム「STEPS」を開発・保守してきた富士通に委託した。「流動性預金は銀行業務の根幹。長年信頼関係を築いてきた富士通が最適と判断した」と、みずほ銀行の石井頼幸IT・システム統括第一部副部長は説明する。

富士通の馬場俊介みずほ事業部事業部長は「当社は既存システムを手掛けてきた立場。IBMの基盤上でアプリケーションを開発する判断を下すのは正直難しかった」と明かす。とはいえ、これだけの大型案件に参画しないわけにはいかない。富士通は苦渋の決断を下し、みずほFGの提案を受け入れた。

基盤とアプリケーション開発のベンダーが異なることで特有の難しさも生まれた。富士通はIBMの基盤上で動作するCOBOLプログラムを開発しなければならなかった。

日本IBMの林勇太金融第二ソリューション・デリバリー統括部長は「プロジェクトの初期段階である二〇一二〜二〇一三年にかけて（富士通と）膝詰めで技術検証した」と振り返る。結果として、富士通の開発ツールで生成したコードに起因する大きなトラブルは一度もなかったという。

主要四ベンダーとNDA締結

MINORIの開発において、ITベンダーは単なる手足ではない。みずほFGはプロジェクトの序盤と終盤に特別な会議体を発足し、主要ベンダーの知恵やノウハウを活用している。

プロジェクトの初期段階に発足したのが、新システムのアーキテクチャーや実装方針を議論する「技術アドバイザリーデスク」。二〇一二年十一月のことだ。みずほ銀行やみずほＩＲのメンバー十人に加え、主要四ベンダーから各社二人ずつ、部長級の有識者が出席した。

「所属企業の意識は捨てて、みずほ銀行にとって最適なシステムの在り方を議論してもらった」と、みずほ銀行の間仁田幹央ＩＴ・システム統括第一部次長は振り返る。ベンダーの垣根を越えて議論を促すため、個別にＮＤＡ（秘密保持契約）も締結。情報交換の活性化を促したという。

技術アドバイザリーデスクでの議論は、既に採用が決まっていたＳＯＡ（サービス指向アーキテクチャー）の実現方法が中心だった。最も苦労したのが各業務アプリケーションを構成する「商品サービス」の粒度だ。利用頻度が高いサービスは粒度が小さい方が再利用性は高まる。逆にあまり使われないものは、大きい粒度でまとめた方が効率は良い。この最適解を探るため、多い時で週三回、それぞれ二時間に及ぶ議論を重ねた。

属人性を徹底排除

次に発足したのは基本設計が始まる二〇一三年一月に設けた「仕様俯瞰《ふかん》タスクフォース」。ここでアーキテクチャーや仕様を統制する仕組みを作った。

ピーク時で八千人ものエンジニアが参加した開発プロジェクトだ。コード記述の統制がとれていないと、後々の保守性が下がる。そこでみずほＦＧはコードを自動生成する「超高速開発ツール」を全面的に採用した。生のコードを書かせなくすることで属人性を排除した。

ベンダー	OS	DB
富士通	メインフレーム(z/OS)	IMS
富士通	メインフレーム(z/OS)	IMS
日本IBM	メインフレーム(z/OS)	IMS
日本IBM	メインフレーム(z/OS)	DB2
日本IBM	メインフレーム(z/OS)	IMS
富士通	Red Hat Enterprise Linux (RHEL)	Symfoware Server
日立製作所	RHEL	HiRDB
日立製作所	RHEL	HiRDB
日立製作所	RHEL	HiRDB
日立製作所	RHEL	HiRDB
富士通	RHEL	Oracle Database
富士通	RHEL	Symfoware
富士通	RHEL	Symfoware
日本IBM	RHEL	DB2
日本IBM	AIX	DB2

超高速開発ツールの採用はコーディングの統制に加えて、開発工程の省力化にも役に立った。例えば富士通の「Interdevelop Designer」の場合、業務に関するルールを数式や日本語で記述すると、COBOLやJavaのコードを生成するだけでなく、テストケースも自動生成する。みずほIRの田辺主税銀行システムグループ横断本部本部長は「コーディングの作業量は五分の一に減った」と振り返る。

ツールが生成したコードを手動で調整するのは禁止した。それでもツールが自動生成したコードに起因するパフォーマンス問題は生じなかった。むしろパフォーマンスの問題は多くが「データベースアクセスなど設計の問題に起因していた」(田辺本部長)。

業務コンポーネントで使用した主なツールやミドルウエアなど

業務コンポーネント	開発言語	主な開発ツール
流動性預金	COBOL	Interdevelop Designer
内国為替取引	COBOL	Interdevelop Designer
取引メイン	COBOL	HLL/WB
CIF	COBOL	HLL/WB
手数料	COBOL	HLL/WB
定期性預金	Java	Interdevelop Designer
与信取引	Java	Justware
ローン	Java	Justware
外国為替取引	Java	Justware
日計	Java	Justware
還元計表	Java	Interstage Studio
業務チャネル	Java	Interstage Studio
外部チャネル	C	EVOLUO BUSSOLA
信託	Java	Rational Software Architect Designer
DM	Java	Rational Software Architect Designer

中核のDBMS（データベース管理システム）も入れ替えた。STEPSのDBMSは富士通の階層型DB「AIM」だった。それをオープン系システムについてはリレーショナルDB（RDB）に移行した。富士通が担当する領域は「Symfoware Server」、日立の部分は「HiRDB」、日本IBMの担当分は「DB2」といった具合だった。担当するベンダー色が色濃く出た。

　メインフレーム上で稼働する業務アプリケーションに関しては、顧客情報を格納するCIF（カスタマー・インフォメーション・ファイル）だけをDB2に移行。残りは日本IBMのネットワーク型DBである「IMS」を使う。流動性預金などメインフレーム上で動く業務アプリケーションのデータモデルには変更を加えなかった。

十六社から毎月聞き取り

プロジェクト終盤の二〇一七年五月には「トップマネジメント定例」と呼ぶ取り組みを始めた。参加するのはMINORI開発の大部分を担う十六社。十六社を四大ベンダー、業務アプリケーションを開発する主要五社、個別案件を担当する七社の計三グループに分けていた。

みずほIR側からは向井康真社長や池谷俊通常務、各事業部長などが参加した。向井社長は「この十六社が抱える問題を解決していけば、プロジェクトを正確な方向に導けると考えた」と話す。

トップマネジメント定例は三グループごとに毎月開催した。まずみずほIR側からプロジェクトの進捗を説明したうえで、あらかじめ設定したテーマについて、各社が課題などを指摘した。フリーディスカッションの時間も設けていた。開発完了とシステム移行を目の前にして、開発の進捗や課題を正確に把握し、移行準備に万全を期す狙いがあった。

みずほIR側はトップマネジメント定例で出た課題に対する対策を次回の会合で必ず示すようにした。「当初は様子見だったが『ここで言えばやってくれる』というプチ成功体験が広がり、議論が活発になっていった」(向井社長)。プロジェクトが節目を迎えたタイミングでは、トップマネジメント定例のメンバーを集めて決起集会も開いた。

横断組織で八千人を統率

設計や開発、テストの実務は、みずほ銀行の情報システム部門やみずほＩＲ、四大ベンダーを中心に進めたが、現場だけで判断を下せない難題も出てくる。会社や部門間の利害対立を調整し、全体最適の視点で意思決定を下すため、みずほＦＧとみずほＩＲに特別な組織も設けていた。

みずほＦＧに置いたのが「次期システムプロジェクト統括会議」で、プロジェクトの司令塔といえる存在だ。みずほＦＧの坂井辰史社長をトップに、みずほ銀行の藤原弘治頭取やみずほ信託銀行の飯盛徹夫社長らが参加し、月一回開く。ＭＩＮＯＲＩに関する事実上の最高意思決定機関であり、経営会議の直前に開催するのが通例だった。

その事務局としてプロジェクト全体を束ねたのが「次期システムプロジェクト統括ＰＴ（プロジェクトチーム）」だ。統括ＰＴの傘下に各ユーザー部門に対応する企画部会や財務・主計部会など十七の作業部会を置き、それとは別に部門を横串にした三つのタスクフォース（ＴＦ）を置いた。プロジェクトの実務は関係する作業部会とＴＦが一体になって進めた。例えばＭＩＮＯＲＩへの移行に向けた営業店のリハーサルは、営業部店業務対応ＴＦと事務部会などが連携して進捗を管理した。

統括ＰＴは詳細設計を始めた二〇一四年十月に新設した。ＰＴ長を務めたのは企画畑が長いみ

プロジェクト管理体制

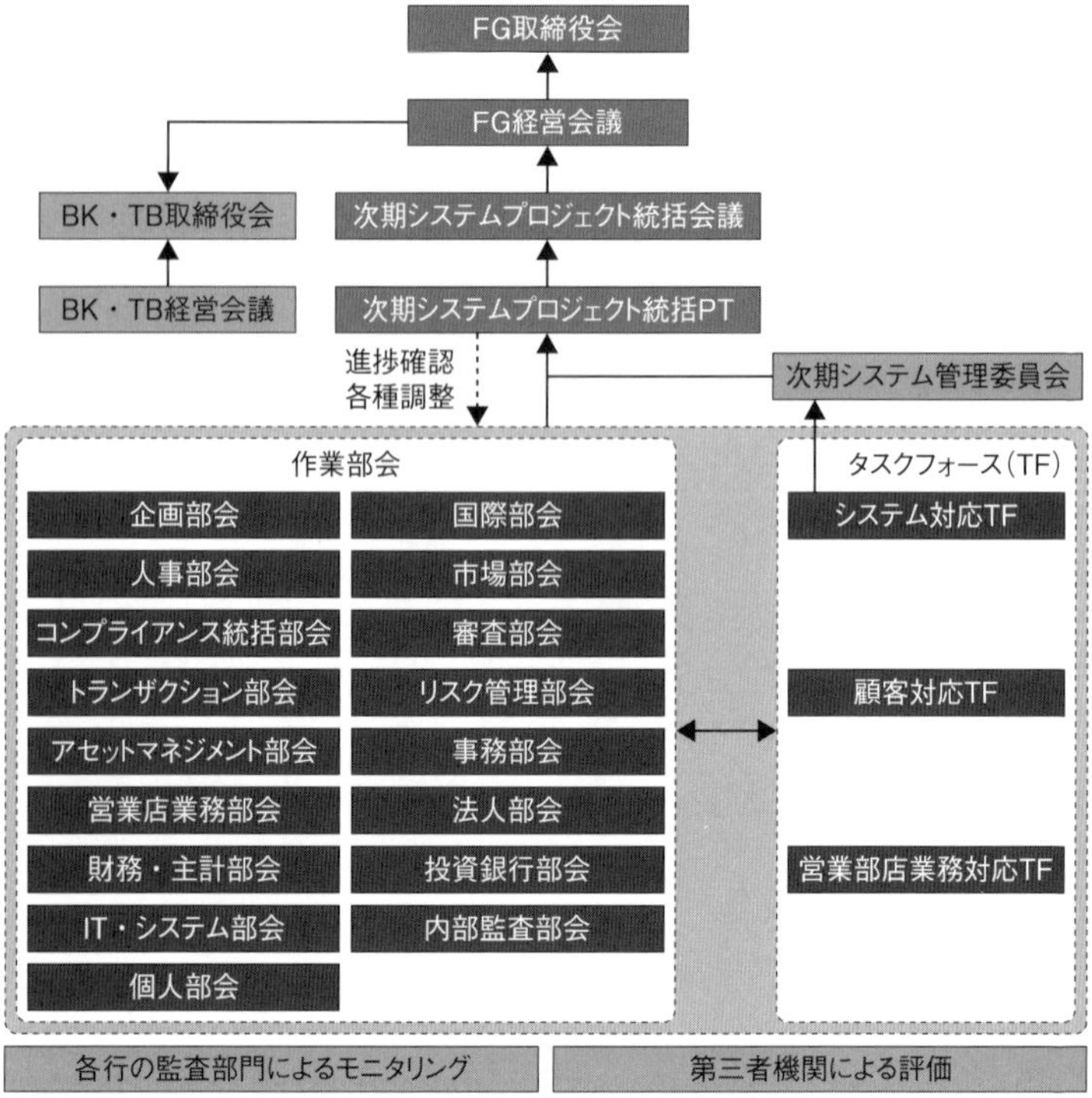

注：みずほフィナンシャルグループの資料を基に日経コンピュータ作成。FGはみずほフィナンシャルグループ、BKはみずほ銀行、TBはみずほ信託銀行を指す

ずほＦＧの高橋常務執行役員だ。「それまではシステム部門を中心にプロジェクトを進めてきたが、開発が本格化し、事務部門の協力も欠かせないなかで、企画部門として全体を統括する部署が必要だった」（高橋常務執行役員）。

ピーク時は二十人近くが専任で所属し、作業部会との兼務者も三十人ほどいた。ＴＦとも連携しながら、統括ＰＴにあらゆる情報が集まる体制を整えた。

高橋常務執行役員らは全体の進捗を管理すると共に、情報システム部門とユーザー部門の利害調整なども手掛けた。例えばユーザー受け入れテストの段階でユーザー部門から改善要望が出た際は「コストや期間はどのくらいか」「やらなかった時のインパクトはどの程度か」といった視点で一件ずつ可否を判断した。

みずほＩＲの横断組織が「軍配」

システム開発の実務で「行司」の役割を果たしたのが、みずほＩＲに置いた銀行システム横断開発推進プロジェクトチーム（横断ＰＴ）だ。ピーク時は専任だけで六十人弱、兼務者も入れれば一〇〇人ほどが所属する大所帯だった。

横断ＰＴの役割は「みずほＩＲ社内の各事業部に横串を刺して統制をかける」（同社の向井社長）ことにある。みずほＩＲは主に業務アプリケーションごとに事業部を置いていた。各事業部は数百人の規模で、ともすれば縦割り意識が強くなり、各事業部間の連携が取れなくなる恐れがあった。

みずほＩＲの池谷常務は「事業部ごとに独自のやり方があっても構わないが、ＳＯＡという大原則に沿わない考え方は取り除きたかった」と振り返る。

横断ＰＴのメンバーは設計書をレビューしながら、「サービスの粒度にばらつきはないか」「複数のデータベースで同じ項目を保持していないか」などを調べていった。例えばインターネットバンキングと営業店端末から入る入金取引は電文の形式が多少異なるが、同じサービスとして扱えるよう仕様を共通化した。事業部同士が対立した際は「横断PTが軍配を持った」（みずほIRの田辺本部長）。

テストフェーズに入ると、横断PTの傘下に「テスト部会」と呼ばれる組織を作り、テスト計画を作成した。田辺本部長は「こういうスケジュールでテストをやっていこうという土台がないとうまく進みにくい」と話す。具体的には三カ月や半年といった長期の消化計画と、二週間ごとの短期の消化計画を用意した。

四重にリスクをチェック

プロジェクトを円滑に進めるために、開発段階でリスクを極力排除する仕組みも盛り込んだ。具体的には四段階にまたがるリスク管理の体制を整えて、システム品質を高めた。

みずほFGはシステム開発に携わるエンジニアを「第一線」と呼ぶ。第一線のエンジニアのそばで、プログラムの品質をチェックする「第一・五線」部隊を配置した。みずほIRに設置した「クオリティ・マネジメント・デスク」がその役割を担い、「現場目線でリスクをつぶした」（みずほFGの米井公治常務執行役員）。

その後、みずほFGのIT・システム企画部にあるシステムリスク管理室が「第二線」、各行の業務監査部門が「第三線」となってチェックした。第二線は情報システム部門の視点で十分な

MINORI開発における品質チェックの仕組み

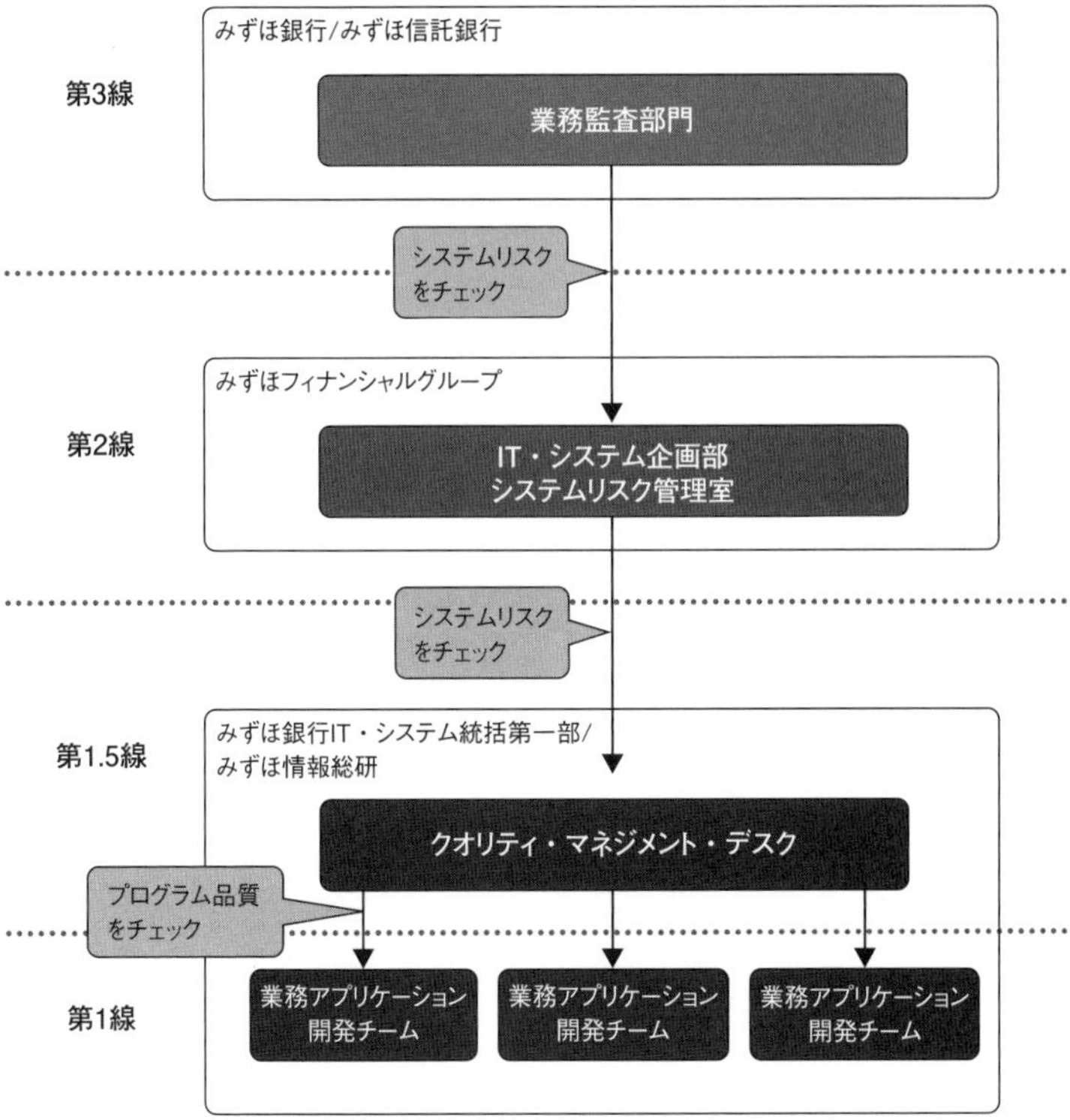

品質を満たしているかチェックし、第三線は業務監査の目線で不十分な点を指摘することで万全を期した。

超高速開発ツールの採用もシステム品質の向上に一役買った。ツールでしかプログラムを生成しない方針を徹底したことで、プログラムの構造を統一できたのだ。一部のエンジニアからは「手で書いた方が速いし、シンプルなプログラムができる」という不満も出たが、「ツールを使えば属人性を取り除けるため、保守性が高まる」（みずほＩＲの山本健文銀行システム横断開発推進ＰＴ長）と判断し、その方針を貫いた。

二度の開発完了延期

みずほＦＧはプロジェクトを円滑に進めるため、前述したいくつもの仕掛けを用意した。それでもプロジェクトは難航し、開発完了時期を二回延期する事態に陥った。

一度目に延期を決めたのは二〇一四年初めのこと。二〇一六年三月としていた開発完了時期を二〇一六年末に九カ月間遅らせた。要件定義を終えて改めて開発期間を精緻に見積もったところ、当初の見込みより長引くと分かった。

一方、二度目の延期は総合テストの終了が見えてきた二〇一六年十一月に発表した。二〇一六年末としていた完了時期を数カ月間延ばす旨を、決算会見の席で当時の佐藤康博社長が明かした。「外国為替取引（外為）」や「定期性預金」といった業務アプリケーションで、品質強化が必要と判断したのが一因とみられる。最終的にＭＩＮＯＲＩの開発が完了したのは二〇一七年七月だった。当初の計画から一年半近く遅れた格好だ。

「始めてみると、規模の大きさやテストの難しさが分かってきた」。みずほＦＧの安部副会長は一度目の延期判断についてこう振り返る。同社は二〇一一年三月の大規模障害を受けて同年六月に提出した「業務改善計画」で、二〇一六年三月末をめどに次期システムを構築することを掲げ

MINORIの開発スケジュール

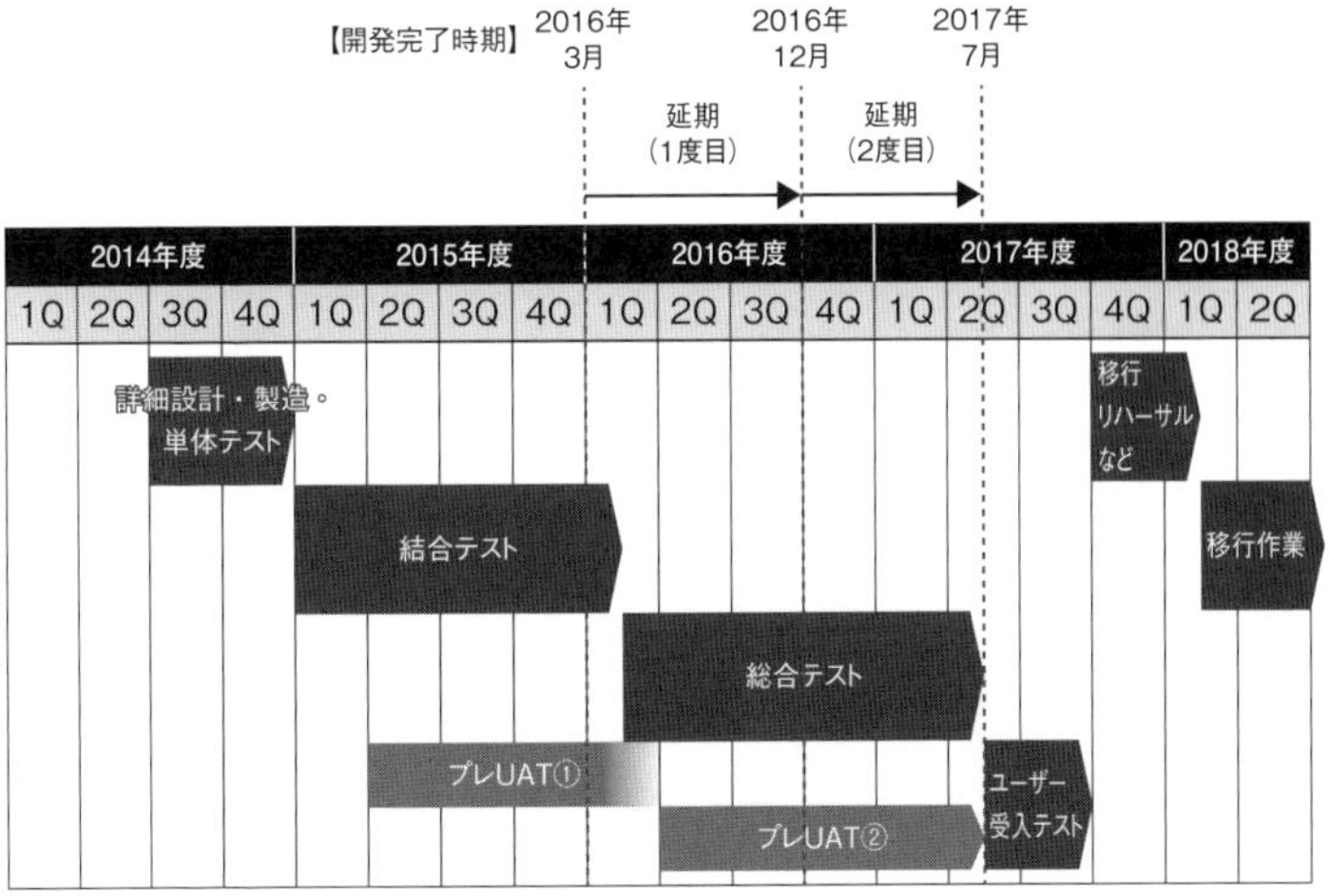

ていた。二〇一二年三月に策定した基本計画も同じ期限を示していたもようだ。

要件定義前の計画を見直し

しかし計画を立てたのは本格的な要件定義に入る前のタイミングだ。あくまで段取りとしての計画であり、工程ごとの期間は他の大規模プロジェクトを参考に決めていた。実際に要件定義を終えて改めてスケジュールを精査した結果、設計工程やテスト工程を長く見積もる必要が出てきた。

大幅な手戻りを防ぐために新設した工程の影響もあったとみられる。みずほFGは「プレユーザー受け入れテスト（プレUAT）」と呼ぶ工程をプロジェクトの途中で追加している。

一回目のプレUATは二〇一五年六月に始めた。ユーザー部門の協力を得て各種画面や帳票の出力イメージといった成果物を確認した。ユーザー部門が開発中のシステムの機能を早いタイミングで確かめる目的だった。

二〇一六年六月から二〇一七年七月には機能確認などを目的とした二回目のプレＵＡＴに取り組んだ。「情報システム部門からバッチ処理の結果を受け取り、正しく処理されているかをチェックするなど、かなり踏み込んだ確認をした」と、みずほ銀行の奥村吉隆公務事務センター所長は語る。約七十のユーザー部門から数百人がプレＵＡＴに参加したという。

二度目の延期を発表した当初、みずほＦＧは全銀システムの二十四時間三百六十五日化や新しいＦｉｎＴｅｃｈサービスへの対応による追加開発の発生を理由に挙げていた。ただし開発現場は特定の業務アプリケーションにおける品質強化施策にも苦心していたようだ。

外為と定期性預金に落とし穴

みずほ銀行は横断的な観点で弱点領域を洗い出し、レアケースを含めたテストを徹底することで品質を高める作業を進めていた。みずほＦＧは計画変更に直接影響を与えたわけではないとするものの、とりわけ外為と定期性預金の業務アプリケーションが難所だった。

「外為は個社対応の固まりで非常に難易度が高く、開発ボリュームも膨大だった。定期性預金も苦労した領域の一つだ」と、みずほ銀行の片野健執行役員は明かす。

外為には海外送金や貿易での信用状取引などが含まれる。大手の法人顧客は自社システムとみずほ銀行のシステムをつなぐＥＢ（エレクトリックバンキング）サービスを利用しており、明細情報の更新頻度や書類の事前郵送など個社ごとに対応が異なる場合があって仕様が複雑だ。

定期性預金には別の難しさが潜んでいた。昔から商品仕様の変更が少なく、旧みずほ銀行のＳＴＥＰＳが稼働した一九八八年以来、ほとんど改修してこなかった。開発し直すに当たり、要件定義の解釈などを巡って不透明な部分があったもようだ。

二〇〇二年四月一日に発生した一度目の大規模システム障害は、旧みずほ銀行と旧みずほコーポレート銀行の発足に合わせて新システムを稼働するスケジュールにこだわったために発生した。最終的なテストが完了していないにもかかわらず稼働を強行した結果、ＡＴＭの停止や振込遅延を起こした。同じ失敗は繰り返さない。二度の延期はみずほＦＧの決意の表れでもあった。

開発拠点の分散にも目配り

システム開発の実務を取り仕切ったみずほＩＲが苦労したのはスケジュールや品質の管理だけではない。細かいところでは開発拠点の確保にも苦労した。拠点を集約すれば効率は高まるが、オフィスの広さや賃料などがネックになり、複数に分散せざるを得なかった。

ＭＩＮＯＲＩの開発拠点は大きく五カ所に分けた。中核拠点がみずほ銀行の中目黒センター（東京・目黒）と、みずほＩＲの北新宿事業所（東京・新宿）だ。

中目黒センターはもともと、旧富士銀行系のデータセンターだったが、センター集約の流れを

東京都目黒区にあるMINORIの開発拠点

受けて、開発拠点に衣替えしていた。みずほIRの中目黒事業所と隣接しており、どちらもMINORIの開発拠点として利用した。

中目黒センターと山手通りを挟んで向かい合うのが、みずほ銀行の中目黒支店だ。ここは二〇一八年六月に始まった口座データの移行で重要な役割を果たした店舗だ。移行は九回に分けたが、旧みずほ銀行の口座データを初めて移す節目の第三回の対象店舗だったのだ。

みずほIRの向井社長はその理由について「中目黒の開発拠点からすぐにフォローできる場所にあったから」と話す。開発拠点の立地が移行スケジュールにも影響を与えていたわけだ。

残る三カ所がみずほIRの品川シーサイド事業所（東京・品川）、台場事業所（東京・港）、そして東京都多摩市にあるみずほ銀行のデータセンターだ。MINORIの開発がピークを越えると、台場などの拠点は規模を徐々に縮小していった。

プロジェクトが始まった当初は、旧みずほコーポレート銀行本店（東京・千代田）も開発拠点として使っていた。しかし、建て替えに伴って退去せざるを得なくなり、品川の拠点に移った経緯がある。

開発拠点でトップ会議も開催

拠点があちこちに分散していれば、移動やコミュニケーションのロスは避けられない。そこで重宝したのがテレビ会議システムだ。全拠点をつないだテレビ会議システムを至るところに設置した。

みずほ銀行の片野執行役員は「各地の開発拠点にはテレビ会議システムが嫌というほどあったので、コミュニケーションで苦労することはなかった」と振り返る。

拠点が分かれていれば、現場の一体感も生まれにくい。そんなデメリットを解消するため、みずほIRの幹部と主要な協力会社が集まる毎月のトップマネジメント定例を品川などの開発拠点で開催し、「連帯感を強めた」（向井社長）という。

第4章

緊張と重圧、一年がかりのシステム移行

システム移行スケジュール

世界最大級のシステム刷新プロジェクトだっただけに、新システム「ＭＩＮＯＲＩ」への移行には万全を期した。週末にＡＴＭなどを停止させた回数は計九回。移行に要した期間は丸一年に及んだ。何回にも分けて移行することで、万が一トラブルが起こった際の影響範囲を小さく抑える狙いだった。

九回の内訳はこうだ。一回目でＣＩＦ（カスタマー・インフォメーション・ファイル）や取引メインなど二〇一三年度に稼働済みの「業務共通基盤」をＭＩＮＯＲＩに移行させた。二回目は旧みずほコーポレート銀行の「Ｃ－ｂａｓｅ」を利用する店舗の口座データなどを移行。三～八回目は旧みずほ銀行の「ＳＴＥＰＳ」を使う店舗をＭＩＮＯＲＩにつなぎ替えた。最後の九回目はみずほ信託銀行が対象だ。口座数の多い旧みずほ銀行は店舗をグループに分けて段階的に移す「店群移行方式」を採用した。

旧みずほコーポレート銀行店舗を最も警戒

最初に旧みずほコーポレート銀行店舗を移行したのは「最も警戒すべき移行作業だったからだ」とみずほ情報総研（ＩＲ）の向井康真社長は振り返る。旧みずほ銀行は旧第一勧業銀行と旧富士銀行の勘定系システムを統合した二〇〇四年、約二百四十あった旧富士銀店舗を八回に分けて段階移行している。一方、旧みずほコーポレート銀行店舗はみずほフィナンシャルグループ（ＦＧ）の発足以来、システム移行を経験していない。これを序盤に終わらせておきたかった。

業務共通基盤を切り出し、先行して移行したのも理由がある。トラブル発生時の問題切り分けを容易にするためだ。「インフラの問題とアプリケーションの問題が混在する事態は避けたかった」と、みずほＩＲの向井社長は話す。

三回目から八回目は旧みずほ銀行店舗の移行に充てた。旧みずほ銀行店舗のトップバッターは、みずほＩＲの東京・中目黒拠点から開発部隊が駆けつけやすい東京二十三区内の六拠点に絞り、四回目以降は約百店舗ずつを一斉に切り替えた。最後は丸の内中央支店など口座数や取扱額が大きな支店を含む三十三店舗。万が一の際の影響範囲を平準化した格好だ。

九回の移行に一年をかけたのは、重要な移行作業に三連休を充てたためだ。三連休初日が移行作業の本番で、二日目の午後までに「移行対策統括本部会議」を開き、切り替え中止（フォールバック）をするか判断した。同会議までに作業が予定通り進捗していなければ移行作業を中断し、既存システムへの切り戻し作業に入るわけだ。三連休なら三日目は予備日に充てられる。「移行には想定外のことが起こり得る。必要な予備期間だった」とみずほＦＧの高橋直人常務執行役員は説明する。

「天眼システム」と訓練が奏功

システムの品質をいくら高めても移行でミスが出れば、それまでの苦労は水の泡だ。トラブルなくＭＩＮＯＲＩの全面稼働にたどり着けた裏には移行作業の進捗を管理・共有できる仕組みを整えていたことがある。事前の入念な訓練も奏功した。

「安全・着実な移行が大命題だった」。みずほＦＧの高橋常務執行役員はこう力を込める。安全・着実な移行を成し遂げるために用意したのが「みずほ天眼システム」だ。移行に伴う一つひとつの作業の内容や実行時間、進捗を一元管理する専用システムである。移行のリハーサルが始まる前の二〇一七年後半までに開発を終えていた。

移行作業は大まかにいうと、移行元のシステムからデータを抽出して移行先のシステムに転送したうえで、取引が正常にできるかを確認するといった流れで進む。みずほＦＧは移行に際し、一回につき百五十前後のチェックポイントを設けていて、天眼システムでそれらの進捗を可視化した。

オンラインサービスを例にとれば、流動性預金や定期性預金といった業務アプリケーションご

「みずほ天眼システム」で移行の進捗状況を一元管理した

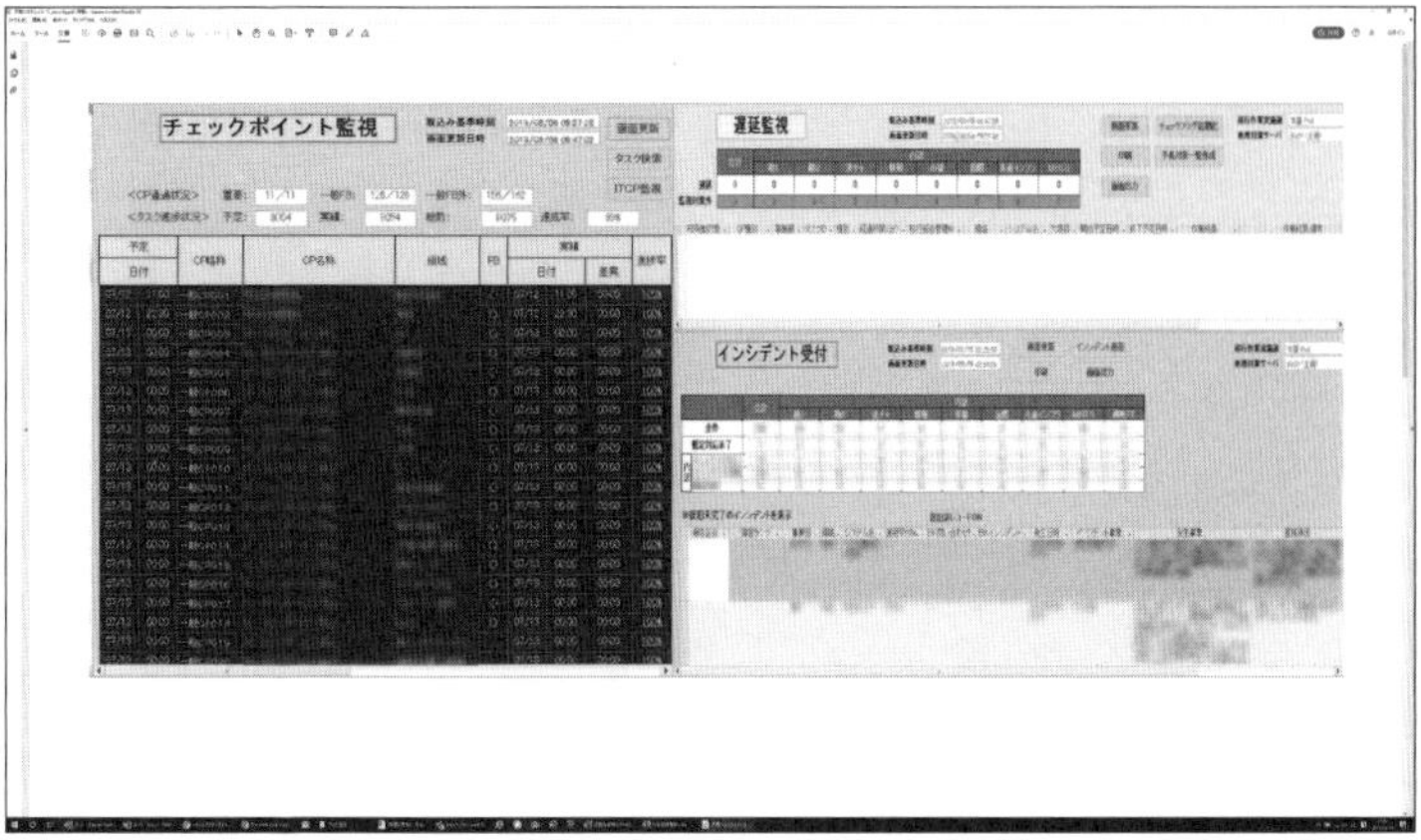

とに「いつサービスを止めるのか」「計画に対して実際の進捗率がどのくらいか」が一目で分かるようにした。気になる作業があれば、ドリルダウンして細かい情報を確認することも可能だ。

もし遅延している作業があれば、色を変えて表示する。さらに同じ画面上に遅延監視用の情報も表示し、勘定系や決済・チャネル、情報系といった領域ごとの遅延の内訳を見られるようにした。

実務を担うみずほIRの司令塔があった中目黒の拠点は、天眼システムを一〇〇インチほどの大型ディスプレーに表示していた。みずほIRの池谷俊通常務は「昔はチェックポイントの一覧表を拡大コピーして、作業が終わるたびに色を塗っていた。今回はそんなやり方で済むレベルではなかった」と話す。

中目黒以外にも、みずほFGの本社がある東京・大手町や運用部隊がいる東京都多摩市など多拠点をつないで、共有できる体制を整えていた。

十の障害の同時発生も想定

とはいえ作業を一覧表示するだけでは、インシデントが同時に複数起きた場合に対処できるとは限らない。ここはみずほFGやみずほ銀行、みずほIRなどが連携し、事前に作業の重み付けや優先順位付けを決定・共有することで非常時に備えた。

さらに、事前に訓練も繰り返した。まずみずほIRの横断組織のメンバーらが主要四ベンダーなどに出向いて障害事例や対応策を聞き、その上で訓練プランをつくった。各社から聞いた実例を踏まえて、トラブル対応の訓練を積み重ねた。最終段階には十個の障害が同時に発生した場合の対応まで訓練したという。

「インシデントが起きれば、まずは開発チームが対応するが、顧客やユーザー部門に影響が出かねないものについては、みずほFG側でプロジェクト全体を統括している部門と協議して方向性を出すやり方を徹底していた」(みずほIRの向井社長)

万が一、移行を中止せざるを得ない状況に陥った時に備えて、移行前の状態にシステムを切り戻すフォールバックプランも準備していた。実際に発動することはなかったが、フォールバックをするかどうかの判断はみずほFGの坂井辰史社長が下す手はずだった。

支店に対する教育・研修の流れ

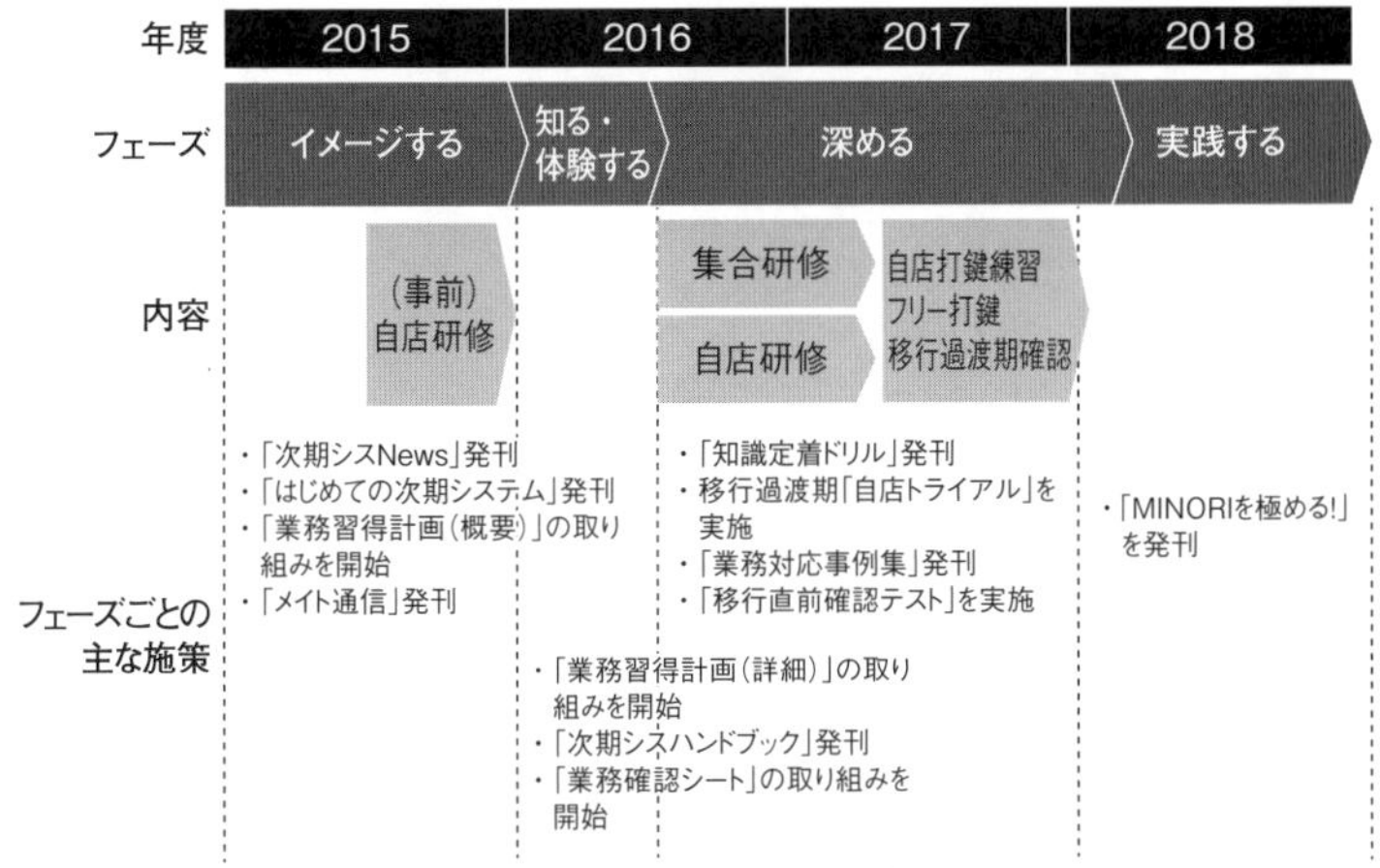

注：みずほフィナンシャルグループの資料を基に日経コンピュータ作成

女性職員百七十人が全国網羅

ＭＩＮＯＲＩへの移行に伴い営業店の事務手続きは大きく変わった。移行初日から業務をスムーズに回すために、入念な準備が欠かせなかった。みずほＦＧは約一万七千人の事務担当者などに座学の研修を受けさせたうえで、約四百ある全店でそれぞれ六回にわたるリハーサルを展開し、万全を期した。

営業店の窓口で端末を操作しながら接客する担当者などを対象に研修を始めたのが、総合テストの真っただ中にあった二〇一六年十一月だ。安全に移行するため、研修とリハーサルに十分な期間を割いた。

二〇一七年末までの一年ほどで延べ一万七千人が研修を受講した。次期システムの研修を手掛けた事務サービス推進部は通常、新入社員など約八百人に対して一年がかりで研修を施す。「今回はいつもの二十倍以上の人たちに同じ期間で研修をやらなければいけなかった」（みずほ銀行の島谷力哉事務サービス推進部部長）。

廃止した店舗を再利用

一万七千人を相手にするのだから研修場所や講師の確保は大変だった。全都道府県に支店があるみずほ銀行だけに、全国十四カ所に研修所を設置した。首都圏と大阪で計七カ所、ほかに札幌、仙台、富山、名古屋、広島、高松、福岡にそれぞれ一カ所ずつ置いた。コストを抑えるため、廃止した店舗の内装を整備し、再利用したケースもある。

講師は補助者も入れると約百七十人を確保した。講師を務めたのは、主に営業店で働く特定職（一般職）の女性だ。彼女らが事務サービス推進部に異動し、ＭＩＮＯＲＩの講師になったケースが九割を占めた。通常の異動のほか、専門の公募制度も設け、希望者を募った。

自ら志願して講師になったみずほ銀行の海津幸子調査役は「これまでは支店で本部からの指示を受けることが多かった。今回は自分が作り手になり、社内に幅広く発信できるチャンスだと思った」と語る。自ら手を挙げて講師になった人は約四十人に上った。

講師陣も最初から新仕様に習熟していたわけではない。まず講師がＭＩＮＯＲＩに詳しくなるために、チーム内で勉強会を繰り返したり、役員などを前に公開型でリハーサルを開いたりして本番に備えた。

首都圏や大阪を中心に全国14カ所に研修所を設けた（上）。主に特定職（一般職）の女性が講師を務めた（下）

「これだけ注目されているプロジェクトで、しかもまだ稼働していないシステムを勉強して、営業店のメンバーに教えるのはかなりのプレッシャーになる」（島谷部長）。事務サービス推進部内に相談窓口を設けて、講師として独り立ちできるようにサポートした。

コースは全部で三十九種類

研修は全部で三十九コースを用意した。業務ごとに細かくプログラムが分かれていて、預金・為替が二十三、融資が八、外国為替が五、ローンが三という具合だ。二日コースが一般的だ。事務の管理者は一日コースを受講すれば済んだ。「管理者は実際にオペレーションをするわけではないので、ツボを押さえてもらうように意識した」（島谷部長）。

基本的に営業店の事務担当者は自らが担当す

る業務に関わる一コースを受ければいい。大きな支店だと預金や為替など業務ごとに細かく担当が分かれているため問題ない。しかし小さな支店だとそうはいかず、一人の担当者が複数の業務を担当せざるを得ない。そんな人たちのために複数コースを受講できるようにもした。

とはいえ研修を受講するだけで、必要な知識やノウハウを身につけるのは容易ではない。そこで、営業店の担当者がＷｅｂ会議システム経由で端末の操作方法などを学べる生中継動画も配信していた。平日の午前九時半から開始し、時間は十五～二十分程度。誰でも受講することができた。

講師を務めたみずほ銀行の伊藤奈美事務サービス推進部指導教育チーム参事役は「ライブ感を大切にした」と強調する。操作を実演しながら、実際の現場で役立つスキルが身につけられるような内容に仕上げた。当初は一カ月ほどで終える予定だったが、現場からの要望が絶えず、三カ月程度続けた。

座学での集合研修を終えると、次は営業店で実際に端末を操作しながらスキルを習得する「自店打鍵練習」や、営業店でのリハーサルのフェーズに移る。二〇一八年一月から順次始めた。

リハーサルは実に六回にも及び、想像以上にハードだった。三回目までは平日の営業時間終了後に二時間ほどかけてリハーサルを進めたが、四回目以降のリハーサルは土曜日に一日がかりで取り組む。例えば本番とまったく同じタイムチャートに沿って移行日本番の作業を確認したり、伝票を事前に印刷しておいて一日の業務を疑似的に流したりした。

営業店でのリハーサルが始まると、講師たちは実際に店舗に出向いて、サポートメンバーとして移行を支援する役割を担った。講師は特定職がほとんどだけに、普段は出張する機会があまりない。しかしこの時ばかりは状況が一変し「ピーク時は週一回は出張していた」（みずほ銀行の池田千恵調査役）。

彼女らは一人当たり四店舗ほどを受け持つが、これまで接点がない店舗を担当するケースが大半だった。「ホームグラウンドからアウェーに出ていくような状況だった」（島谷部長）。

「メイト」が不満解消

リハーサルを円滑に進めるために、担当する営業店の人たちと信頼関係を築くことが欠かせない。「とにかくたくさんの人と話をするように心掛けた」。サポートメンバーだったみずほ銀行の大井宏美氏はこう語る。

入念なリハーサルは円滑なシステム移行に不可欠とはいえ、休日に出勤を強いるなど営業店の負担は小さくない。このため「トップダウン一辺倒だと不満ばかりが募ってしまう」（みずほ銀行の奥村吉隆公務事務センター所長）。

営業店の担当者に新システムの移行をいかに自分事として捉えてもらい、自発的に取り組んでもらうか。ここで一役買ったのが「次期システムリーダー制度」だ。営業店から新システムの推進役を募り、彼女らを本部に集めてシステム刷新の意義などを説明したのだ。ＭＩＮＯＲＩのメリットなどを現場に伝えてもらう役割を託した。

さらに全国に約四百ある店舗を五十九のエリアに分けて「メイト部店会合」という集まりを作った。地域のリーダーが毎月集まって、ＭＩＮＯＲＩの最新の事例を共有したり、習得をうまく進めている事例を発表したりした。メイト部店会合はマイナーチェンジして、今も続いている。

次世代店舗の中核に

特定職のメンバーにとって、ＭＩＮＯＲＩへの移行に携わったことはキャリアの大きな転機になった。みずほ銀行の高橋麻衣子ビジネスサービス部南青山ビジネスオフィスＢＯ課長は今、次世代店舗の立ち上げに奔走している。ＦｉｎＴｅｃｈが普及しつつある今、みずほＦＧにとって店舗の役割の再定義は経営の最重要課題の一つだ。

高橋課長は二〇一五年七月、自ら手を挙げて高田馬場支店からみずほＦＧの事務企画部次期システムＰＭＯに移った。過去に起きた二度の大規模システム障害を現場で経験し、当時の苦労を肌身で感じていたからこそ「現場の声を少しでもＭＩＮＯＲＩに採り入れたかった」(高橋課長)という。

ＭＩＮＯＲＩへの移行に携わるようになってからは、預金関連の要件定義を支援したり、「次期システムリーダーミーティング」を企画・推進したりした。そして二〇一九年一月、今の部署に異動した。

今後、店舗は顧客接点としての役割を強め、事務作業は「ビジネスオフィス（BO）」と呼ばれる事務センターが大半を引き受ける形になる。高橋課長は次世代店舗への移行の先頭に立って、店舗とBO間で事務処理がスムーズに流れるように、BOと店舗側をサポートしている。

みずほ銀行事務サービス推進部の北森真美氏は原則、転勤がない特定職ながら、MINORIへの移行に携わるため大阪から東京への異動を願い出た。両親からは異動を引き留められたが「チャンスがあるなら挑戦したい」（北森氏）と決意は固かった。

二〇一七年三月に事務サービス推進部次期システム教育PMOチームに移り、メイト部店会合の推進に奔走したり、大阪の店舗を中心にシステム移行を支援したりした。チームでも最年少で「最初は同僚が話しているシステム関連の用語が『宇宙語』に聞こえた」（北森氏）ほど苦労したが、食らいついた。

MINORIへの移行は終わったが、北森氏は今も東京に残っている。二〇一九年四月から事務サービス推進部指導教育チームの一員として、次世代店舗への移行を支援している。今は新人研修のテキスト作りなどに汗を流している。

第5章

次の課題はデジタル変革

みずほフィナンシャルグループ（ＦＧ）は発足直後から十九年にわたって、銀行の根幹とも言える勘定系システムの統合・刷新に苦闘を続けてきた。二〇一九年にそれもようやく終わりを告げた。これからは四千億円を超える巨費を投じた「ＭＩＮＯＲＩ」から具体的な「実り」を得ることが、みずほＦＧにとって大きな課題となる。

五年で七百二十億円のＩＴコスト削減

ＭＩＮＯＲＩの導入効果として現時点ではっきりと見えているのはコスト削減だ。システム装置産業とされる金融機関にとって、情報システムに関するコスト負担は頭の痛い問題である。メガバンククラスになると年間のＩＴ予算は千億円規模にもなる。特に勘定系システムに関わるコストは最大でＩＴ予算の半分を占めるともされており、銀行に重くのしかかっている。勘定系システムのコスト圧縮は重大なテーマだ。

みずほＦＧはＭＩＮＯＲＩの導入によって、今後アプリケーションの開発コストを三割程度削減できると見込む。ＳＯＡ（サービス指向アーキテクチャー）を採用したＭＩＮＯＲＩは、システム構造が疎結合になったことで、金融系のシステム開発で最もコストがかかるテストの対象範囲を限定できるようになった。テストにかかる工数を大幅に削減できることから、全体で三割のコスト削減につながるわけだ。従来の「ＳＴＥＰＳ」は勘定系システムに必要な全てのコンポーネントが一体化したモノリシックな構造だったため、わずかな変更でもシステム全体をテストする必要があった。

みずほＦＧの石井哲取締役執行役専務によれば実際にＭＩＮＯＲＩの導入成果が上がっているという。二〇一九年五月の平成から令和への改元に際して、既にＭＩＮＯＲＩへの移行を済ませていたみずほ銀行は大きなシステム改修をした。全国銀行データ通信システム（全銀システム）の二十四時間三百六十五日対応や改元対応、十連休への対応などだ。こうした作業を一気に実施したところ、従来に比べて開発コストを三割以上抑えられたとする。

ＭＩＮＯＲＩへの移行によって開発費だけでなくシステム運用コストも減らす。みずほＦＧは二〇一九年度に始まった五カ年計画でＩＴコストを累計七百二十億円削減する目標を掲げた。そのうち情報システムの保守・メンテナンス費用の削減分が約七割を占め、五百億円程度に及ぶとみている。ＭＩＮＯＲＩの導入によって、もともと三つに分かれていた勘定系システムの運用が一体になったため、それだけで「百億～二百億円の経費削減につながる」と、みずほ銀行の片野健執行役員は見通す。もくろみどおりに進めば、浮いたコストはデジタル分野を中心とした将来への投資に回せるだろう。

みずほＦＧの経費率は二〇一九年三月期で七十九％と、三井住友フィナンシャルグループの六十％、三菱ＵＦＪフィナンシャル・グループの七十一％と比べて高い。今後はＭＩＮＯＲＩを活用することでＩＴ・事務コストの削減が進むと見込む。二〇二三年度までの五カ年計画で、経費率は現在よりも十九ポイント低い六十％に下げるとする。

本来であればＭＩＮＯＲＩが稼働すると、開発に投じた四千億円台半ばを五～十年で減価償却しなければならなかった。業務粗利益が変わらなければ、経費率は二～四ポイント増えていた計算になる。同社は二〇一九年三月期にＭＩＮＯＲＩの開発費を含む固定資産五千七億円を減損損失として計上することで、今後の減価償却に伴う経費率の上昇を回避した。

姿を変える営業店

コスト削減に続き、みずほ銀行が手をつけるのが営業店改革や事務改革である。一九八〇年代の古い勘定系システムに縛られた非効率な事務作業を一新する。

ＭＩＮＯＲＩの導入によって、みずほ銀行の営業店は大きく姿を変えることになる。利用者が紙の伝票（依頼書）を書く机や、伝票を従業員が受け取るハイカウンター、その後ろで営業店端末を操作する事務系職員が店舗から姿を消していく。営業店は従来の事務拠点から、本当の意味での営業拠点へと変わる。

銀行の事務フローは勘定系システムに依存する。老朽化していたＳＴＥＰＳを刷新できなかったこれまでは、時代遅れで非効率な事務フローが現場にそのまま残っていた。特に問題だったのが、営業店で受けた申し込みに関する事務を、その営業店で処理する必要があったことだ。

ＳＴＥＰＳは顧客情報の管理が店単位だったため、顧客に関連する様々な処理を口座のある店舗の営業店端末で処理する必要があった。一部の事務に関しては他店からも処理できた。しかしその場合は、端末を他店の「代行店モード」にいちいち切り替えなければならず、効率が悪かった。

事務センターで処理する場合も同じだった。事務センターの職員はA店に口座がある顧客の事務を処理する際には端末をA店のモードに、B店の口座なら端末をB店のモードに切り替える必要があった。結局、店舗の事務処理はその店舗で済ませるのが最も効率的だった。そのためみずほ銀行の営業店で多くの事務系職員が働いていた。

ＭＩＮＯＲＩの顧客情報管理は全店共通だ。営業店でも事務センターでもどこであっても、顧客の事務を同じように処理できる。「事務の多くを店舗からセンターに集約できる」。みずほＦＧの石井専務はそう語る。

同社が「特定職」と呼ぶ事務系職員の多くは、営業店から事務センターに異動することになる。事務系職員がいなくなった店内のスペースには、個人客にみずほ信託銀行やみずほ証券の金融商品を勧めるコーナーや、法人顧客と打ち合わせするコーナーを設ける。それがみずほ銀行のいう「次世代型店舗」の姿だ。

営業職や管理職の業務フローもスムーズになる。例えば従来は、電子稟議《りんぎ》システムと勘定系システムが連動していなかった。融資などについて部店長がシステムで決裁すると、部下がその内容を紙の「実行票」に記入して、営業店端末を操作する事務系職員に登録を依頼していた。それが今後は決裁データがそのまま勘定系システムに送られる。紙を書いたり端末を操作したりする必要はない。

ＳＴＥＰＳの頃は紙でしか内容を確認できなかった「還元計表」なども、端末でデータで見られるようになる。ＳＴＥＰＳを設計した八十年代当時はディスクの容量が限られていたため、紙に印刷した計表のデータはディスクから削除していた。みずほ銀行から八十年代のしがらみがようやく消える。

銀行業界を襲う大波

ＭＩＮＯＲＩの完成を機に事務作業やシステムの効率化を進めるみずほＦＧだが、それだけでは不十分だ。現在、銀行業界全体がデジタルの大波にさらされているからである。

「Silicon Valley is Coming（シリコンバレーがやってくる）」――。二〇一五年春、米国の大手金融機関である米ＪＰモルガン・チェースのジェームズ・ダイモンＣＥＯ（最高経営責任者）が「株主への書簡」に盛り込んだ著名な一節がある。ダイモンＣＥＯの言葉は、シリコンバレー発のテクノロジー企業が次々と金融サービスになだれ込んでくる当時の危機感を示したものだが、五年を経た二〇二〇年の国内金融機関が置かれた状況でもある。

日本においても二〇一五年ごろから、スタートアップ企業による金融サービスへの参入が脚光を浴びるようになった。いわゆるＦｉｎＴｅｃｈ（フィンテック）の潮流である。家計簿アプリケーションに代表されるＰＦＭ（個人資産管理）やクラウドファンディングといった資金調達の領域で新しいプレーヤーが存在感を強め、ユーザーの支持を獲得し始めた。

そして今、第二波とも呼べる動きが勃興している。スタートアップ企業だけでなく大手テクノロジー企業が金融サービスに本気になっているのだ。最も顕著なのが、キャッシュレスブームに沸く店頭決済や個人間送金の分野である。ネット大手や通信事業者が大規模なキャンペーンを展開し、瞬く間に決済領域における主役の座を奪い去ろうとしている。テクノロジー企業が照準を合わせるのは決済だけにとどまらない。様々なデータを活用した融資サービスにも意欲を燃やす。

金融機関を管轄する金融庁も、金融サービスのデジタル化に前向きだ。二〇一九年八月に公表した「利用者を中心とした新時代の金融サービス～金融行政のこれまでの実践と今後の方針～」という行政方針で、二〇一八年以降取り組んできた金融デジタライゼーション戦略をより加速させることを大々的に打ち出した。

こうしたトレンドに歩調を合わせるように、金融機関におけるＡＩ（人工知能）をはじめとしたデジタル技術への意識もかつてないほど高まりをみせている。デジタルの嵐が吹き荒れる金融業界にあって、みずほＦＧが存在感を発揮できるかは新勘定系システム「ＭＩＮＯＲＩ」をうまく使いこなせるかが一つの鍵になる。

二〇二〇年度にもＡＰＩゲートウエイを導入

みずほＦＧは、ＭＩＮＯＲＩの強みをさらに生かす仕掛けを二〇二〇年度にも完成させる。新たに導入するＡＰＩ（アプリケーション・プログラミング・インターフェース）ゲートウエイだ。ＡＰＩとは他のシステムやソフトウエアにデータや機能を提供する仕組みのことである。これをみずほＦＧのグループ各社に対して公開する。グループ各社はＭＩＮＯＲＩのＡＰＩを呼び出すシステムを開発すれば、ＭＩＮＯＲＩの機能を手軽に利用したり、自社のシステムとＭＩＮＯＲＩを連携したりできるようになる。

みずほ銀行は二〇一七年五月に、個人向けと法人向けのインターネットバンキングにおいて、外部企業向けにＡＰＩゲートウエイを構築した。ＦｉｎＴｅｃｈ事業者などが同ＡＰＩを使うと、残高照会や振替・振込といった一部銀行機能を呼び出せる。ただしこのＡＰＩを利用するためには、ＦｉｎＴｅｃｈ事業者のサービスを使う利用者が同時に、みずほ銀行のインターネットバンキングを契約していなければならない。二〇一六年二月時点と少し情報は古いが、みずほ銀行のインターネットバンキングの利用者は個人向けで一千万人超と、みずほ銀行の全利用者の半数に満たないのがネックだ。口座開設やカード再発行などの機能も備えていない。

一方、勘定系システムであるＭＩＮＯＲＩは全利用者のデータを管理しているため、より多くの顧客を対象にできる利点がある。さらに、ほとんどの銀行取引に対応可能だ。

2020年度にも構築するみずほ銀行のグループ会社向けAPIゲートウエイ

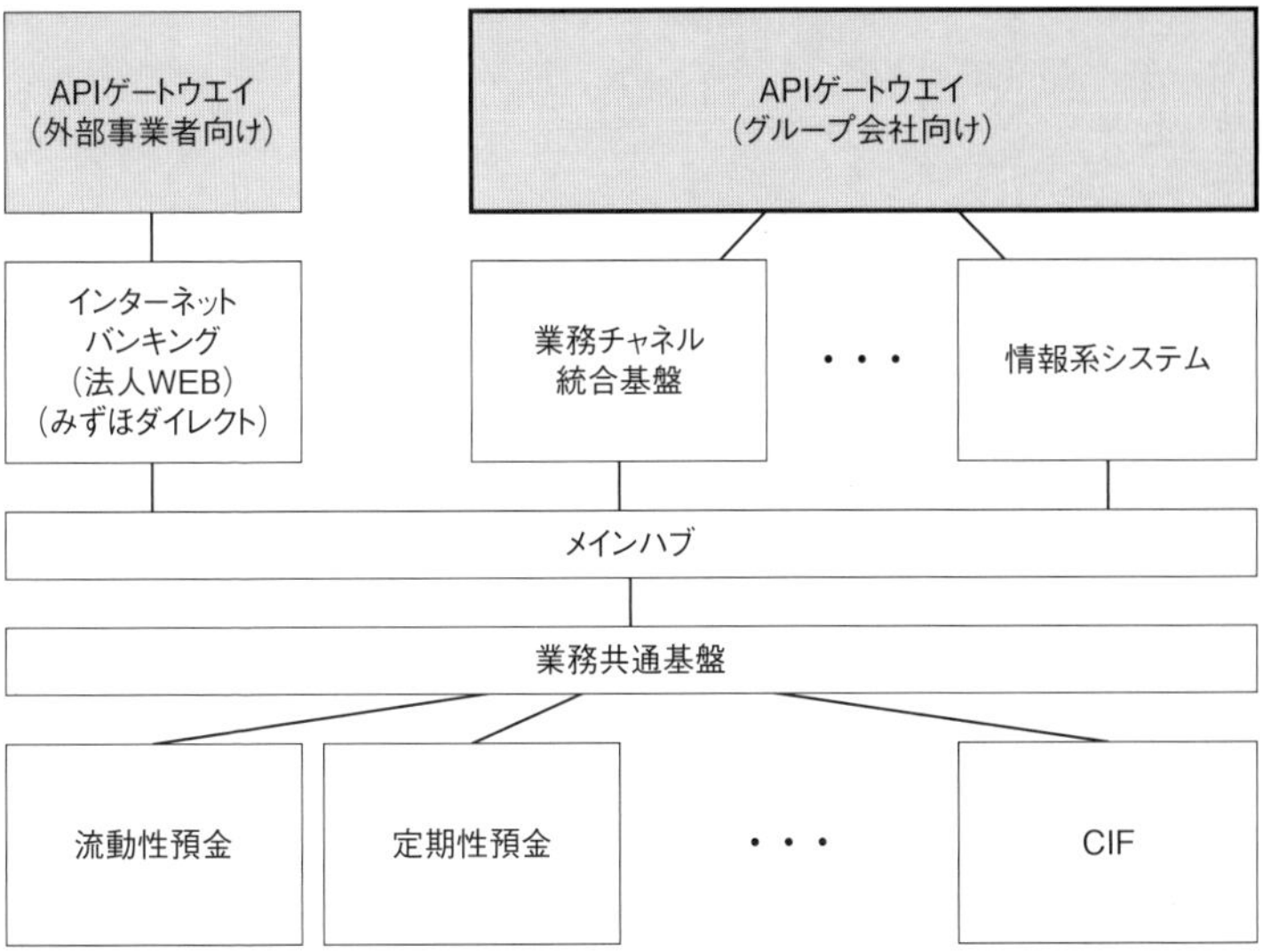

「ＳＴＥＰＳの時代は、ＡＰＩを用意するのは難しかった」と、みずほ銀行の須藤泰自ＩＴ・システム統括第一部次長は振り返る。システム構造が密結合になっており、必要な機能だけを切り分けてＡＰＩ経由で呼び出すのが困難だったからだ。現時点でＭＩＮＯＲＩには「ＣＩＦ参照」「ＣＩＦ更新」「口座開設」「住所変更」「入金」「出金」「振替」「振込」など多岐にわたるＡＰＩを実装する考えである。

みずほＦＧが構築中のＡＰＩゲートウエイは、主に三つの機能を備える。まずＡＰＩの管理機能である。周辺システムがＭＩＮＯＲＩのＡＰＩを利用する際のアクセス制御や流量制限を担う。管理コンソールも提供する。ＡＰＩの利用状況や呼び出し回数の分析などができる。さらに、開発者向けのポータル機能も実装する。ここでAPIの仕様やテスト機能などを公開・提供するわけだ。

APIゲートウエイを導入するメリットは、新たなチャネルやシステムとMINORIとを連携させようとする際の開発工数を抑えられる点にある。MINORIのAPI仕様に沿って開発していれば、MINORI自体への追加開発は原則不要だ。接続テストで問題がないことを確認すればよく、従来に比べて最大で九割のコスト削減につながるとみる。

みずほ銀行の須藤次長が期待するのはコスト削減効果だけではない。「システム連携には重い作業が必要だったため、今までは新しいビジネスアイデアが浮かんでも動き出しづらかった。API経由で軽く連携できることが前提になると、実用化への議論に踏み込みやすくなる。道のりが全然異なってくるはずだ」(須藤次長)。

既にみずほ信託銀行がAPIゲートウエイに関心を持っているようだ。例えば、振込APIを活用してみずほ銀行口座からみずほ信託銀行の金銭信託商品に入金したり、みずほ信託銀行の新商品とCIF参照APIを連携させて顧客情報を効率的に取得できたりするといったことが想定される。今のところ、MINORIのAPIを外部事業者に対しても公開するかは未定だが、もし実現できれば今後重要性を増すであろうオープンイノベーションの領域で強力な武器になる。

二〇二〇年度には、APIゲートウエイの構築を終えた上で、まずは店頭に設置したタブレットとMINORIを連携させる。今も営業店にはタブレットを置いており、来店客が口座開設や住所変更に必要な情報を入力できるようになっている。しかし勘定系システムとは連携していないため、一度、QRコードを印刷した紙を出力し、行員が営業店端末で読み取って勘定系システムに入力するという手順を踏んでいた。MINORIとタブレットが接続すれば、こうした手順は必要なくなる。行員が営業店端末に縛られることなく接客できるようにし、店舗改革につなげようというわけだ。

APIゲートウエイはデジタル時代における銀行の競争力を高める存在になる。テクノロジー企業とサービス競争で伍していくにはスピードが命運を分ける。重厚長大なシステム群を抱える銀行はスピードの面で後れを取りがちだったが、勘定系システムの改修を極力抑えることができれば、この点での不利は解消される。

オンライン完結の中小企業向け融資を

みずほ銀行は店舗改革を推し進める一方で、デジタルチャネルの拡充にも取り組んでいる。代表的な取り組みの一つが、AIを活用したオンライン融資サービス「みずほスマートビジネスローン」だ。二〇一九年五月に開始した。

年商十億円未満の中小企業における運転資金ニーズを主な対象とし、オンラインで手続きを完結できるのが特徴だ。日本には約百七十万社の中小企業があり、みずほ銀行はそのうち約八十万社と取引がある。しかし営業担当者による対面取引ができているのは約一割にとどまるのが実態だ。「残りの九割にアプローチすることが目的」と、みずほ銀行の和田勉リテール法人推進部調査役は話す。

みずほスマートビジネスローンを利用したい企業は、正式な申し込みから最短二営業日で融資を受けられる。融資可否は、主に銀行口座に関する情報を基に判定しており、決算書などは不要だ。Ｗｅｂサイトにログインした時点で借り入れ条件などが分かる。従来は三年分の決算書や事業計画書などの書類提出が必要で、審査や契約締結にも時間がかかった。相談から実際の入金まで二週間〜一カ月を要したという。デジタル技術を活用することで新たな顧客層を開拓したり、取引を活性化させていく狙いである。

オンライン融資で肝になるのは、融資可否を判定する与信モデルの作成だ。過去十年分のデータを機械学習で分析してモデルを構築した。当初、融資可否の判定に使う候補になったデータ項目は百種類以上にも及んだという。入出金や口座残高、貸し付けに関する情報、企業の住所や設立年、業種といった属性情報、さらには帝国データバンクや東京商工リサーチなどの外部信用情報機関の情報などである。これらのデータ項目について「幅広い企業が保有しているか」といった観点に基づき絞り込んだ。その上で、過去のデフォルトデータと突き合わせ、有効な項目を見極める作業を繰り返して与信モデルを磨いた。基礎研究からサービスを送り出すまでに三年を要したという。現在は決済情報、ＥＣ（電子商取引）の在庫情報や売上情報、クラウド会計情報も追加で取り込めるようにしており、融資条件の決定に生かしている。「長期間のデータを基に与信モデル構築をしたので、高い精度を実現できている」と、和田調査役は自信をのぞかせる。

ＭＩＮＯＲＩの導入は、みずほスマートビジネスローンの進化を後押しする。既に融資実行に必要な手作業は大幅に削減済みだ。ＳＴＥＰＳ時代に比べて、電子稟議システムとＭＩＮＯＲＩがスムーズにシステム連携できるようになっており、情報入力などの作業が効率化できているからだ。将来はリアルタイムに融資判定に関わるデータを取得し、人手を介さずに貸し付け条件などを細かく変更するといった青写真も描く。

デジタルチャネルが今後の金融サービスにおける主戦場になるのは間違いない。金融サービスに触手を伸ばすテクノロジー企業の多くも、この領域に照準を合わせている。ここで劣勢に立てば銀行は顧客を奪われかねない。こうした危機感が、銀行をデジタル投資へと駆り立てている。

人材こそが財産

デジタル変革は単に資金を投入すれば成るわけではない。次々と新しいシステムを生み出すには、百戦錬磨のＩＴ人材を豊富に抱えておく必要がある。その点、世界最大級のシステム開発プロジェクトといえるＭＩＮＯＲＩを経験したことで、みずほＦＧ内には今後を担うＩＴ人材が少なからず育ったという。

みずほＦＧの石井専務はＭＩＮＯＲＩの開発を通じて育った人材を「益荒男（ますらお）」と表現する。ＭＩＮＯＲＩの開発で鍛えられた人材が現在、海外系や証券系、投資顧問系など別のシステム開発に参加し、一騎当千の活躍をしているという。

「彼らは海外や証券の業務を知っているわけではないが、システムの品質をどう上げられるかは知っている。彼らを通じてＭＩＮＯＲＩを経験していない現場の人材に、ＭＩＮＯＲＩ開発で得られた組織知が広がっている」。石井専務はこう話す。

こうした人材が今後のプロジェクトのけん引役になってこそ、四千億円台半ばという巨費を投じた価値が出てくる。実例を紹介しよう。みずほ情報総研（ＩＲ）の水菓子省治銀行システムグループ横断本部横断推進部部長だ。

水菓子部長がＭＩＮＯＲＩに携わるようになったのは、プロジェクトが終盤にさしかかろうとしていた二〇一七年二月だった。それまでは国際銀行間通信協会（ＳＷＩＦＴ）連携など外為・決済系システムの開発を長く担当していた。

ＭＩＮＯＲＩプロジェクトで水菓子部長が手掛けたのが、外部の監査法人にプロジェクトの進捗などを評価してもらうための枠組み作りだ。持ち株会社であるみずほＦＧやみずほ銀行、あるいはシステム開発の実務を担うみずほＩＲといった階層ごとに、プロジェクトの評価項目を整備していった。

プロジェクトの「最後のとりで」といえる重要な役回りだが、現場の反発は大きかった。資料作りなど手間が増えるからだ。関係する各部門にしかるべきルートで業務内容を初めて伝えた際は問い合わせの電話が殺到し、一日で伝言メモが二五〇枚ほどにもなったという。

水菓子部長は現場から愚痴や泣き言を言われながらも「プロジェクトを前に進めていくために

アカウンタビリティー（説明責任）は欠かせない」と粘り強く説いた。過去の大規模なシステム障害を招いた一因に、システムのブラックボックス化があった。「自分たちの今後のためにも必要な仕事だった」（水菓子部長）。

今はグループ内外の難易度が高いシステム開発案件のとりまとめ役を担う。地方銀行などグループ外の案件も手掛けており、みずほＩＲの収益源拡大にもつながる重要な仕事だ。水菓子部長は「システムのアーキテクチャーを守りながら、いかに早く、安く作り上げるか。ＭＩＮＯＲＩの経験を生かしながら突き詰めていきたい」と力を込める。

もう一人の実例がＭＩＮＯＲＩに携わっていた頃は、みずほＩＲで各事業部に横串を指す「銀行システム横断開発推進ＰＴ（横断ＰＴ）」のトップを長く務めていた山本健文だ。現在はみずほ銀行のＩＴ・システム統括第一部副部長を務めている。

山本副部長の心に刻まれている出来事の一つが、二〇一三年秋に手掛けた要件の絞り込みだ。既に要件定義は一通り終えていたが、三つの旧勘定系システムの機能をＭＩＮＯＲＩでも同様に再現しようとしたことで、要件が想定以上に膨らんでいた。「三分の一ほど削る必要があった」（山本副部長）。

要件の絞り込みはユーザー部門にとって大きい問題だ。システムの使い勝手などに直結するためである。システムの使い勝手が変われば、業務プロセスそのものを見直さなければならなくなる。そのため反発は大きかったが「対面で何回も話をしながら、粘り強く説得していった」（山本副部長)。こうした姿勢はその後に手掛けたプロジェクトの進捗管理などでも大きく生きた。

今は海外の勘定系システムの更新プロジェクトに携わっている。二〇二六年までに段階的に新システムに移行する計画で、二〇二〇年一月にはシンガポールの一部システムが稼働した。今はMINORIを通じて培った「調整力」を生かして、システムの品質管理の徹底などに奔走する毎日だ。

ヤフーLINE連合との親密な関係

二〇一九年十一月、ヤフーを傘下に持つZホールディングス(ZHD)とLINEが経営統合するという衝撃的なニュースが日本中を駆け巡った。月間利用者数はヤフーが六千七百四十三万人、LINEは八千二百万人に上る。国内最大の顧客基盤を有する企業連合の誕生は、金融業界でも波紋を呼んだ。両者は共に、決済を中心に新しい金融サービスをもたらそうとするテクノロジー企業の急先鋒《せんぽう》だったからだ。

ある地方銀行関係者は、「国内市場に限ってみれば、GAFA(グーグル、アップル、フェイスブック、アマゾン・ドット・コム)が金融領域に参入してくるよりも怖い」と、警戒感をあらわにする。

外資系テクノロジー企業は地銀などが得意とする地域密着型のサービスにまで足を踏み込んでこない公算が大きい。しかし国内テクノロジー企業の場合、正面から競合する可能性は否定できない。実際、ヤフーが出資する決済サービス事業者のＰａｙＰａｙは、日本全国に二十拠点を構えて加盟店開拓を推し進めた。結果、一年余りで加盟店数は百七十万カ所を突破している。

一億人規模のユーザー基盤を持つヤフーＬＩＮＥ連合の誕生は、メガバンクにとっても大きな脅威だ。豊富な顧客接点と使い勝手の良いデジタルサービスを武器に、銀行が長年築き上げてきた顧客基盤を切り崩される懸念がある。しばらくはヤフーＬＩＮＥ連合が金融業界においても台風の目になりそうだ。

この問題に関してみずほ銀行は、銀行業界のなかで特殊なポジションにある。これまでヤフーとＬＩＮＥの双方と親密な関係を築いてきたからだ。みずほ銀行は二〇二〇年度にＬＩＮＥと合弁で、モバイル専業銀行の開業を予定している。新銀行の勘定系システムは、ソニー銀行などで稼働実績のある富士通製システムをベースに構築する。みずほ銀行はＭＩＮＯＲＩの構築で培った勘定系システム開発プロジェクトのノウハウを提供することになるだろう。

ＺＨＤの親会社であるソフトバンクともみずほ銀行は金融分野で強い結びつきを持つ。二〇一六年十一月、個人向け融資サービスを手掛けるＪ・Ｓｃｏｒｅを合弁で設立。二〇一七年九月に「ＡＩスコア・レンディング」を始めている。利用者が登録した年齢や職種、年収といったデータを基に「ＡＩスコア」を計算し、スコアに応じて貸し出し条件を設定する仕組みだ。

ヤフーＬＩＮＥ連合とみずほ銀行がどのような関係を構築するかは現時点で未知数である。しかし金融という分野は、お得さや便利さだけでなく安心感をもたらすことができなければ、幅広い顧客層に受け入れてもらうのは難しい。その点、みずほ銀行が果たせる役割は小さくない。銀行を代表するメガバンクとしてデジタル変革を進めつつ、テクノロジー企業とのパートナーシップを生かして新たな金融の在り方を模索する――。デジタルの大波が到来する国内金融分野において、みずほ銀行は主導権を握り得る立場にある。

第6章

みずほフィナンシャルグループ
坂井 辰史 社長
インタビュー

進退賭けて指揮、積年の課題を解決
システム部員に心から感謝

自身の進退を賭けて指揮を執り、みずほ最大の経営課題を解決した。経営トップとしてプロジェクトにどう関与し、開発現場をどう支えたのか。みずほフィナンシャルグループ（ＦＧ）の坂井辰史社長が包み隠さず語った。

――システム統合がようやく終わりました。社長として率直にどんな気持ちですか。

絶対に失敗できないプロジェクトでしたから、本当にうれしかったです。万全を期すために、ＡＴＭやインターネットバンキングなどのオンラインサービスを九回停止し、お客様に大変なご迷惑をお掛けしました。まずは（協力に）心から感謝申し上げます。

二〇一一年三月に大きなシステム障害を起こし、信頼回復に向けて、勘定系システムの全面再構築を決めました。足かけ八年のプロジェクトのバトンを受け継いだ者として、関係者への感謝や敬意の気持ちも大きいです。

――新システムの全面稼働はみずほにとってどんな意味を持ちますか。

二〇一九年四月から五カ年の新たな中期経営計画を始めました。通常の中計は三年ですがあえて五年としました。少子高齢化やデジタル化など世の中の構造変化が進むなかで、金融そのものの在り方を根っこから転換するためには、それくらいの期間が必要になると考えたからです。

中計で掲げたのが「次世代金融への転換」です。新勘定系システムの「MINORI」は大きな足掛かりになります。システムを構成するコンポーネント同士を疎結合にして外部のシステムと接続しやすくしており、事業展開の可能性が飛躍的に広がります。

今後はMINORIを生かし、様々なFinTech事業者と連携していきます。私は「競争と協調」と言っています。コアの部分は自前でやる一方、それ以外の領域はオープンAPI（アプリケーション・プログラミング・インターフェース）経由で外部の力を借ります。

店舗ネットワークや事務プロセスも大きく変えます。事務を集約したり定型作業を自動化するRPA（ロボティック・プロセス・オートメーション）を導入したりして効率を高め、店舗の担当者はコンサルティングなど人でないとできない業務に集中させます。

――勘定系の完全統合によるITコストの削減効果をどうみますか。

開発コストを三割ほど減らせるとみています。浮いた分をデジタル化など攻めの分野に投じていきます。

真っ先にデータセンターを訪問

――二〇一八年四月にみずほFG社長に就任して真っ先にデータセンターを訪問したそうですね。

ええ、よくご存じですね。我々の積年の課題である巨大プロジェクトが山場に差し掛かっていました。お客様との接点である営業の現場が重要なのはもちろんですが、金融業に携わる以上システムは心臓に当たる部門です。

コンピューターセンターで働く人たちは、二十四時間態勢で緊張感を持って臨んでいます。そんな仲間に経営トップとしてのコミットメントを伝えたかった。経営として極めてプライオリティーの高いことでした。

――勘定系システムの再構築プロジェクトに臨むうえで、人材育成も大きなテーマでした。

私自身、デジタル化は世の中のメガトレンドの一つとみており、重要性は今後大きくなることはあっても、小さくなることは絶対にないと考えています。テクノロジーを担う人材は我々にとってコアですから、CEO（最高経営責任者）として最も重視しています。

デジタル時代を生き抜くために、テクノロジー人材をもっと増やさないといけません。今回のプロジェクトを通して、システムに関するモノづくりの経験を持ち、巨大プロジェクトをマネジメントできる人材を育成できたと自負しています。

一方、ＩＴ人材のビジネスリテラシーは決して高くありません。システム部門の人材をビジネスの企画に近い部門に配置して、デジタル時代のビジネス戦略を描くための突破口にしたいと考えています。

――ＩＴに強い人材や組織を維持・強化するために何が必要でしょうか。

昔の商業銀行のビジネスモデルで考えると、ＩＴ人材は特殊な人、スペシャリストというイメージがありました。経営そのものにテクノロジーを組み込む動きが加速するなかで、全員がそれぞれの畑でスペシャリストにならないと今の時代、活躍してもらうのは難しいでしょう。ゼネラリストはどちらかというと金太郎飴で、社内の評価に価値を見い出す人といえます。

経営層もクラウドなど技術そのものを議論できるようになるべきです。「実態についていけていない」との危機感を持って経営していかないと、次世代金融を実現できません。

産みの苦しみを味わった

――過去に二度、大規模なシステム障害を起こし、三度目を起こせば経営責任が問われる局面で社長に就きました。

巨大プロジェクトがあろうとなかろうと、社長になるのは自分自身の首を毎日洗っておくことです。自分の首を洗っておくのは社長を引き受ける大前提です。

繰り返しますが、今回のプロジェクトを成し遂げることは、次世代金融に舵《かじ》を切るうえで大きな意味があります。過去のシステム障害を乗り越えて「システムに強いみずほ」として自他ともに認められる存在になる意味合いもありました。

日本の金融機関は第三次オンラインのCOBOLやFORTRANをベースにしたシステムを使っています。「二〇二五年の崖」が叫ばれるなか、三次オンをベースにしたシステムをいつまでも使い続けるわけにはいきません。我々は産みの苦しみを味わいましたが、ライバルに一歩先んじて新たなシステムを手に入れることができました。そのメリットを最大限に引き出すのが私の使命だと思っています。

――過去の経営陣がITを重視していなかったために、二度のシステム障害につながったと我々は指摘してきました。坂井さんは過去の経営陣の責任についてどう思いますか。

どうでしょうか。少なくともシステム障害を起こした後のみずほの経営陣は、お客様にご迷惑をおかけしながらも色々なことを学びました。システムへのコミットメントは、かなり強いものがあったと思います。

では前の世代の経営者に足りなかったかというと、私はそうは思いません。システム統合プロジェクトに大変な心血を注いでいました。

――三度目の大障害は起こりませんか。

あってはなりません。二〇一九年七月十六日にMINORIが全面稼働して最初の月末処理を終えましたが、今のところ大きな問題は起きていません。これから期末処理もあり気を緩めるわけにはいきませんが、極めて順調に稼働しています。

時間が経つにつれて、皆がMINORIの利点を体感できるはずです。事務が効率的になり、営業店も次世代型にどんどん転換していきます。日々の積み重ねが自信につながるし、それがお客様からの信頼を醸成するはずです。

殻を打ち破るチャンスでもあった

――過去の大きなシステム障害を踏まえ、経営トップとしてプロジェクトを円滑に進めるために意識したことは。

やはり経営層としてのコミットメントが重要でした。困難で足の長いプロジェクトでしたから。プロジェクトマネジメント体制をしっかり組むことにも気を配りました。いったん作って終わりではなく、八年間のプロジェクトを通して試行錯誤しながらアップグレードしていきました。

そのうえで私自身が特に心掛けたのは、体裁や手順にとらわれず本質的な議論をすることです。これだけ大きなプロジェクトですから、チェック項目は何千にも上ります。それぞれの作業部会やタスクフォースがチェックして書類にハンコを押してあります。色々な形で証跡を残しておくのは説明責任を果たすために大切ですが、銀行の書類はあまりにも完璧です。

報告書などの形式的な要件を見るだけでは不十分です。何が新しいのか、リスクは何なのかを議論する実質的な意味でのプロジェクト管理が極めて重要です。私はＩＴについて門外漢なところがありますが、経営者としての観点から繰り返し、繰り返し議論するように心掛けました。

――エンジニアは少し問題が起きても、善意から「自分のところで頑張れば取り返せるはず」と思いがちです。それが結果として大きなトラブルに発展してきました。

その通りです。風土や文化的な問題は大きいと思います。我々の場合は過去にシステムで大失敗を経験していますから、どうしても心理的に構えてしまうところがあります。今回のプロジェクトは自らの殻を打ち破るチャンスでもありました。

例えば（移行時に切り替え前の状態にシステムを切り戻す）フォールバックをしないと判断したとしても、一時間後には何が起こるか分かりません。ですから「何か起こっていたりこれから何か起きたりしたら、ちゅうちょなく知らせてほしい」と伝えていました。

ＭＩＮＯＲＩ関連の全体会議ともなると、テレビ会議システムであちこちの拠点をつなぐので、ものすごい人数が報告内容を聞いています。トラブルがあっても言い出しにくかったかもしれません。「質問はありますか」と投げかけたら、十分な間を空けるなど、基本的なことを徹底しました。

巨額減損、大きな意味がある

――二〇一九年三月期に固定資産の減損損失として約五千億円を計上し、大部分をMINORI関連が占めました。システムが全面稼働する前の減損は異例です。

日本の金融機関は構造問題に直面しています。戦後の高度経済成長で培ってきた店舗網や厳格な事務システムと、お客様の金融機関に対するニーズの間に大きなミスマッチがあります。マイナス金利も重なり、我々自身の構造を変えていかなければいけません。

大きな構造改革をすべきときに、店舗やシステムの償却コストを前倒しで一気に処理することは、財務面で収支が安定しますし、他の投資がしやすくなります。次世代金融への転換を目指すうえで、後年度の負担解消は非常に大きな意味があります。

とはいえ、大規模な減損処理で事足りるわけではありません。本丸のビジネスや経営基盤の構造改革にも不退転の決意で取り組みます。

――MINORIの投資額は四千億円を超えました。勘定系システムへの投資額として大きすぎたのでは。

確かに大きな額ではありますが、大きすぎるかどうかは判断が難しいところです。次世代金融への転換に向け、MINORIを生かして展開する事業の中身にかかっていると思います。

大きな減損損失を出したのは、システムそのものに問題があったとかコストが大きすぎたからではありません。収入面のインパクトが非常に大きかった。象徴がマイナス金利です。

戦後の日本の商業銀行はお客様の預金を運用することで安定的な収益を生み出してきました。少子高齢化で成長率が落ち、マイナス金利に突入したことが、大きな影響を及ぼしています。

――プロジェクトを完遂したシステム部員や関係者にねぎらいの言葉を。

最初の月末が終わって安定稼働を確認できたタイミングで、全役職員にメールを送りました。新しいシステムを手に入れられたのは、一人ひとりの長年の努力があってこそです。そんな思いを伝えました。今回のプロジェクトにご理解、ご協力くださったお客様に感謝するのはもちろん、システム部員や関係者には感謝と敬意の念に堪えません。本当に、心からの思いです。

（聞き手＝大和田　尚孝）

坂井 辰史（さかい・たつふみ）氏

1984年3月、東京大学法学部を卒業し、同4月に日本興業銀行（現みずほフィナンシャルグループ）入社。執行役員グループ企画部長や常務執行役員投資銀行ユニット長兼証券・信託連携推進部担当役員などを経て、2016年4月にみずほ証券社長。2018年4月にみずほFG社長。1959年生まれの60歳。

写真：村田 和聡

第二部

震災直後、「またか」の大規模障害

第7章

検証、混迷の十日間

緊急対応の遅れがトラブル拡大を招いた

日本に史上最大級の被害をもたらした東日本大震災から三日後の二〇一一年三月十四日。テレビは津波に襲われた東北地方沿岸部の被害状況や東京電力福島第一原子力発電所の事故の様子を伝え続け、新聞紙面は被災地の壮絶な状況を表す写真と記事で埋め尽くされた。日本中の人々が震災の衝撃に言葉を失うなか、みずほ銀行の情報システムに、人知れず最初の異変が起こった。

テレビ局が番組などを通じて、東日本大震災の義援金への協力を呼びかけたところ、みずほ銀行東京中央支店に用意された義援金口座に、振り込みが殺到した。テレビ局用のこの口座を、ここでは「口座ａ」と呼ぶことにする。午前十時十六分、みずほ銀行の「勘定系システム」に多数の振り込みデータが集まり、「取引明細」の件数が一日に格納できる上限値を超えた。

勘定系システムとは、預金、融資、内国／外国為替といった業務を処理する、大型コンピューターを使った中核システムだ。取引明細は、振り込みやＡＴＭでの取引など、口座残高に変更があったときに、それら取引の内容を一件ずつ記録したデータのことである。勘定系システムに保存した取引明細は、通帳の記帳に使う。通帳の一行が、取引明細一件に相当する。

取引明細の件数が上限値を超えた理由は、口座ａの設定を誤っていたことにあった。みずほ銀行は各口座について、格納できる取引明細の件数に上限値を定めている。上限値は、二種類の設定値の組み合わせによって決まる。一つは、口座が「個人」のものか、それとも「法人」扱いであるか。もう一つは、取引明細を通帳に記帳する「通帳口」か、記帳しない「リーフ口（ぐち）」かである。

震災直後、みずほ銀行東京中央支店（東京都中央区）の口座に義援金の振り込みが殺到した

通常、大量の振り込みが予想される口座は、「リーフ口」として登録する。義援金口座がそうだ。リーフ口の場合、取引明細の件数が上限値を超えることはない。通帳に取引明細を記帳する必要がないため、勘定系システムに取引明細を保存しないからだ。

口座ａの設定は、格納できる取引明細の件数が少ない「個人・通帳口」であった。みずほ銀行が口座ａの開設手続きをしたのは二〇〇五年九月のことである。この際、みずほ銀行は口座ａを「個人・リーフ口」にしていた。このままの設定であれば、取引明細が上限値を超えることはなかった。ところが二〇〇七年十二月、テレビ局から「振り込み明細を通帳で把握したい」との要望を受け、「個人・通帳口」に変更していた。

みずほ銀行は十四日午前十一時三十分、応

急処置として、口座ａとは別に「法人・リーフロ」の新規口座を開設した。その上で、テレビ局に対して「視聴者に案内する義援金口座を新規口座に変更してほしい」と依頼した。それでも、元の口座ａに多数の振り込み依頼が集まった。

口座ａの取引明細が上限値を超える問題は発生したものの、この時点では口座ａ以外の処理にはほとんど影響がなく、顧客サービスも正常に動作していた。

夜間の一括処理でも上限オーバーが発生

義援金の振り込みは、午後三時を過ぎても押し寄せ続けた。午後三時以降に受け付けた振り込み依頼は、翌日扱いとなる。これらの振り込みデータについては、夜間に一括して、翌日の振り込みに向けた準備処理をする。

午後十時七分、口座ａに対するこの一括処理が異常終了した。昼間と同様に、振り込みデータの処理件数が上限値をオーバーしたのである。ここでの上限値は一つの口座につき一度に何件まで準備処理ができるかを示すものであり、昼間の取引明細の上限値とは別のものだ。

こんなところにも、上限値の設定があったのか――。システム担当者たちは驚きを隠せなかった。情報システムの運用拠点で作業に当たっていたシステム担当者は、一括処理にも上限値が存在することを知らなかった。

情報システムを稼働させるにあたって、処理件数に上限を設けるのは一般的である。情報システムの処理容量には限界があるからだ。上限を決めておかないと、例えば普段は一時間で終わるはずの一括処理が一日近くかかってしまうといったことが起こり得る。あるいは、データの保存に使うディスク装置の容量が足りなくなる可能性もある。こうしたことがないように、システム全体の処理容量や日々の処理スケジュールなどを勘案して、上限値を設ける。コンピューターを高性能な機種に置き換えるなど情報システムの処理能力を増強した際は、それに合わせて上限値も上げる。これによって、情報システムを安全かつ無駄なく利用できる。

したがって、みずほ銀行の情報システムに上限値が設定してあったこと自体は間違いではない。問題は、システム担当者がその存在を知らなかったことである。

みずほ銀行のシステム担当者は、振り込み準備の一括処理が異常終了した時に勘定系システムが出力したエラーメッセージなどから、上限値の存在を突きとめ、その設定値を増やした。その後、一括処理を再実行してみたが、それでもまた異常終了してしまった。先の異常終了によって、一部の振り込みデータが欠落してしまっていたのだ。必要な振り込みデータがそろっていなかったため、処理が正常に終わらなかった。

通常、情報システムにおいて、ある処理が異常終了したとしても、一部のデータが欠落することはない。ところが、みずほ銀行では一括処理のコンピューター・プログラムの作り方などに問題があり、あり得ないはずの出来事が起こってしまった。

こうなると、欠落したデータを元に戻すまで、一括処理を完了させることができない。結果的に、このデータ復元に八時間を費やした。

これが、新たな問題につながった。復元作業に時間を取られすぎたことによって、翌十五日の朝九時までに、店舗の開店に向けた情報システムの準備処理が間に合わない可能性が出てきたのだ。

みずほ銀行の勘定系システムは、午前四時三十分から午前八時までの間に、店舗における日中の業務に向けた情報システムの準備処理を進める。日中の店舗業務を終えた後は、その日の取引の集計作業などをこなす。さらに午後六時には、翌日扱いとなる振り込みデータの一括処理、給与振り込みの一括処理などを進める。日中の処理を「オンライン処理」、夜間の一括処理を「バッチ処理」と呼ぶ。

二十三年前の設計思想が影響拡大を招く

ここで、オンライン処理と一括処理の特徴について述べる。この後のシステム障害の流れをつかむのに、これらの処理の違いを知るのが欠かせないからだ。

勘定系システムは、大ざっぱに言うと、オンライン処理と一括処理という二つの仕組みが並行して動いている。

オンライン処理とは、データをそのつど一件ずつ処理するといった意味である。銀行の顧客がＡＴＭで現金を引き出したり、店舗の窓口で入金の処理を依頼したりすると、そのつど取引デー

勘定系システムの主な役割は、口座の残高を増減させること。ATMから現金の引き出しや預け入れの命令を受け取ると、即座に口座の残高を更新する。一方で口座振替や振り込みの場合は、複数の口座に対して残高を増減させる処理を一括して実施する

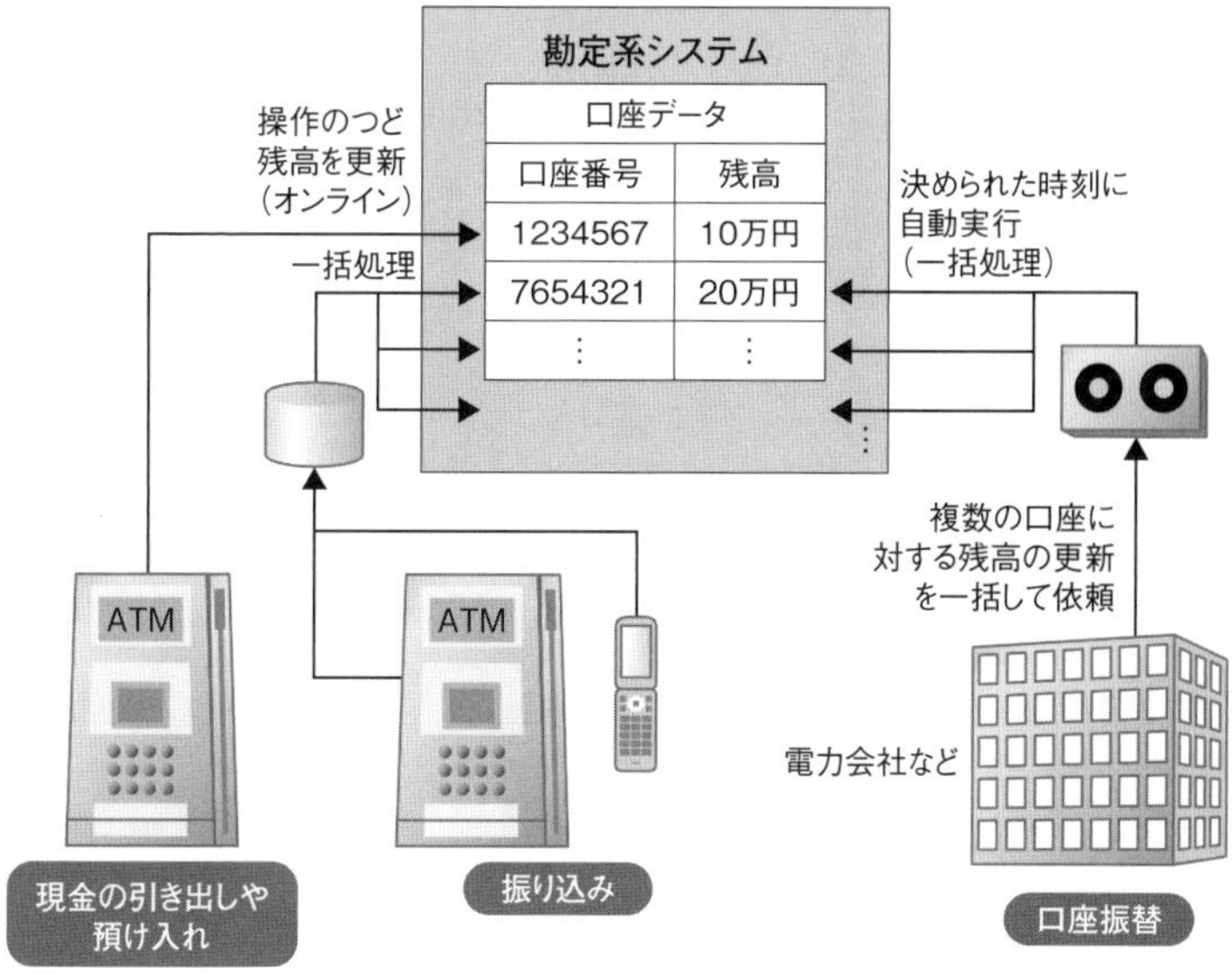

タが発生し、通信ネットワークを介して、銀行のデータセンターにある勘定系システムに送られていく。勘定系システムは過去の取引履歴や残高情報を記録しており、取引データが送られてくると、履歴や残高情報を更新して、取引履歴を作成する。さらに各行の勘定系システムは、銀行間のネットワークを介して相互接続されており、送金や為替に関するデータをやり取りできるようになっている。このオンライン処理に異常が起きると、ＡＴＭから預金を引き出せなくなったりする。時々、発生する「ＡＴＭ障害」である。

　一括処理は、データを一件ずつ

その都度ではなく、一定の件数をまとめて扱う。口座振替や夜間の振り込みなどの仕組みである。口座振替を例に挙げると、電話会社、電力・ガス会社あるいはクレジットカード会社が、口座振替の情報を磁気テープに格納し、これを銀行へ送る。あるいは電子データの形で、ネットワークを通じて送信する。この磁気テープや電子データの中にある数十万件、時には何百万件もの振替情報を、勘定系システムに一気に取り込んで、預金者の口座から振り替えていく。振替結果を再びテープなどに格納し、電話・電力・ガス会社、カード会社などへ返却する。

振り込みの場合、ATMやインターネットバンキングなどで受け付けたデータをためておく。あらかじめ決めた時間になったら、これらのデータを勘定系システムに一括して取り込み、他行向けに振り込みデータを送信するための準備を行う。この一括処理は夜間に実施する。翌日の日中に、振り込みデータを送信する。

みずほ銀行の勘定系システムの場合、ATMによる現金の引き出しやインターネットバンキングなど一部の二十四時間サービスを除き、オンライン処理と一括処理を交互に起動させている。遅くとも朝六時までに夜間の一括処理を終わらせないと、翌日のオンライン処理を実行できない仕組みだ。振り込み処理についても、オンライン処理と一括処理を交互に起動させている。夜間に送信準備のための一括処理を進め、翌日の日中に振り込みデータを送信する流れである。

銀行によっては、一括処理の仕組みを使わず、大半の処理をオンライン処理としてこなせるように、勘定系システムを整備しているところもある。これらの銀行は、一九九〇年代後半以降に勘定系システムを稼働させたか、あるいは同時期以降に勘定系システムを大幅に刷新したところがほとんどだ。もちろん、他行宛振り込みのように、他行とのデータのやり取りが必要な処理については、最終的なデータ送信だけは日中にまとめて実行しなければならない。銀行間における振り込みデータの送受信は、日中に限定して行われているからだ。

それでも、勘定系システムの内部で一括処理をなくすメリットはある。データをまとめずに一件ずつ処理することで、何らかの異常が発生した場合に、その影響を抑えられる点だ。一括処理の場合、ある処理に問題があったときに、たくさんのデータに影響が及びやすい。一括処理をなくすことで、「一括処理が終わらないのでオンライン処理を始められない」といった事態も防げる。

ところが、みずほ銀行は一括処理という処理形態を残したままだった。その最大の理由は、みずほ銀行が旧第一勧業銀行の「ＳＴＥＰＳ」と呼ぶ勘定系システムを使い続けてきたことにある。ＳＴＥＰＳが稼働したのは一九八八年。この時点で二十三年が経過していた。

みずほ銀行は、一括処理という情報システムの設計思想にかかわる課題を抱えたまま、二十三年間にわたって、勘定系システムを使い続けてきた。これが、今回のシステム障害の影響拡大につながった。

担当役員が障害発生を知るまで十七時間かかる

「夜間の一括処理で問題が発生しています」。みずほ銀行のシステム担当役員である萩原忠幸常務執行役員は、十五日午前三時三十分頃に初めて、システム担当者から障害の報告を受けた。システム担当役員が障害発生を知るまで、最初のトラブル発生から十七時間かかった計算になる。システム障害時の緊急連絡にしては、あまりにも時間がかかりすぎた。

システム担当者は、翌朝のオンライン処理に影響が及ぶ可能性が高まったために、「これはまずい」と考え、萩原常務に連絡を取ったのであろう。システム担当者が「オンライン処理には影響がないかもしれないが念のため」と考え、もっと早く連絡をしていれば、この後のシステム障害の広がり方は違っていた。

十五日午前五時、萩原常務は、店舗の営業が始まる午前九時までに「営業店端末」でオンライン処理を始められるよう、システム担当者に指示した。営業店端末とは、店舗の窓口などで行員が取引を処理するために使うコンピューター端末のことである。この指示の意味は、「一括処理よりもオンライン処理を優先する」ことであり、言い換えると、「異常終了している一括処理については、必ずしもオンライン処理の前までに終わらせなくても構わない」ということだ。つまり、萩原常務はこの時点で、一部の振り込み処理が予定日までに実行されないという、「部分的なシステム障害を覚悟した。夜間の一括処理が終わらなければ、前日の午後三時以降に受け付けた口座ａへの振り込み処理ができないからだ。その代わりに、店舗でのサービス開始が遅れることを防ごうと考えた。

この判断は、考え方としては正しい。営業店端末を午前九時までに使えるようにしないと、全国の来店客に影響が及んでしまうからだ。店舗窓口やＡＴＭで振り込みや融資などのサービスが提供できなくなるのを避け、口座ａの一括処理については、十五日の夜以降に改めて取り掛かろうと考えたわけだ。

「異常処理を復旧させるのにとらわれるあまり、システム障害の影響が広がってしまうことだけは避けなければならない」。萩原常務は、こう考えたのであろう。萩原常務の指示に基づき、みずほ銀行のシステム担当者は、一括処理の完了をあきらめ、オンライン処理の準備に入った。午前九時の開店に向けて、ぎりぎりの時刻である。

なんとか九時に間に合ってくれ――。萩原常務とシステム担当者の思いは通じなかった。それどころか、システム障害の影響を抑えるはずの「正しい判断」が、システム障害の影響範囲を広げることになる。

「申し訳ございません、システムの都合で取引を受け付けられません」。十五日午前九時過ぎ、全国のみずほ銀行の店舗では、行員が来店客へのお詫びに追われた。みずほ銀行は結局、午前九時に店舗を開店したものの、融資や振り込みなど一部のサービスについて、開始することができなかった。オンライン処理の準備にてこずり、当初見込んでいた五倍の時間がかかったためだ。

これらのサービスを開始できたのは、開店から一時間二十五分後の午前十時二十五分のことだった。

さらにやっかいな問題が発生した。十五日に送信するはずだった振り込み三十一万件が、すべて送信できない事態になったのだ。口座aへの振り込みはもちろん、それ以外の振り込みもである。前日夜間の一括処理による送信準備をすべて完了しないと、翌日のすべての振り込みが送信できない仕組みになっていた。みずほ銀行のシステム部門は、十五日午後五時に問題が顕在化するまで、口座aとは何の関係もない振り込みについても送信できなくなるということを認識していなかった。本来であれば、一括処理が異常終了した直後に、すぐさまこのリスクについて気付かなければならなかった。

振り込みデータの未送信に気付くのが遅れた結果、「二重振り込み」も引き起こした。十五日の日中、店舗では行員が営業店端末を使って、未送信となっていた振り込みデータを一件ずつ送信し始めた。顧客企業における資金決済の不渡りなどを防ぐためである。この時点では、行員が日中に営業店端末を使って送信した振り込みデータについては、日中に送信することができた。

行員が営業店端末を使って送信した振り込みデータは、未送信となっていた振り込みデータの一部である。これに対して、みずほ銀行のシステム部門は後日、未送信となっていた振り込みデータをそのまますべて送信した。これにより、行員が営業店端末を使って処理した振り込みについては、二重に送金されてしまった。店舗とシステム部門の連携不足が、二重振り込みを引き起こした。

二日連続で振り込み件数が上限値を超える

振り込みデータの未処理分が積み残る中、新たなトラブルが発生する。

十五日午後三時過ぎ、義援金の振り込みが再び急増した。携帯電話会社が、携帯電話を使った振り込みサービスによる募金を呼びかけたためだった。十五日に振り込みが集中した口座を「口座b」と呼ぶ。口座bは携帯電話会社向けのもので、前日の十四日に振り込みが集中したテレビ局の口座aとは関係がない。

後になって分かったことだが、この携帯電話会社は前日の十四日、携帯電話から大量の振り込みが集まるとの見通しをみずほ銀行の担当部門に知らせていた。携帯電話会社から連絡を受けたみずほ銀行の担当部門は、みずほグループの情報システム関連会社であるみずほ情報総研の担当者に、この情報を伝えた。一方、みずほ銀行のシステム部門には伝えなかった。

連絡を受けたみずほ情報総研の担当者は、携帯電話会社の情報システムとみずほ銀行の勘定系システムを接続する部分の処理能力を確認しただけで、勘定系システムをはじめとする、銀行の情報システム全体の処理能力をチェックしなかった。さらに、みずほ情報総研の担当者も、みずほ銀行のシステム部門には連絡しなかった。

これらの連絡ミスにより、携帯電話会社からの連絡が、システム全体を統括するみずほ銀行の

みずほ情報総研とみずほ銀行のシステム部門との間で、情報共有ができていなかった
(写真は東京都千代田区のみずほ情報総研本社)

システム部門に伝わらなかった。

その結果、振り込みの急増に備えた手を打てずに、一括処理の件数が上限値をオーバーする問題が再び発生、十六日午前七時十七分に振り込みの一括処理が異常終了した。二日連続で上限値オーバーが起こったことになる。異常終了の発生時刻が前日よりも遅いのは、前日に異常終了した振り込みデータの一括処理を優先していたからだ。

二日連続でこのようなシステム障害が発生した根本的な原因は、みずほ銀行が情報システムを取り巻く外部環境の変化やサービスの拡充に合わせて、情報システムを見直してこなかったことにある。

システム設定を二十三年間見直さず

先に述べたように、みずほ銀行の勘定系シ

ステムは一九八八年に稼働を開始した。その後、みずほ銀行は、ATMの二十四時間稼働、インターネットバンキング、携帯電話からの振り込みといった新サービスを投入する一方、一括処理の上限値の設定を、二十三年間一度も見直さなかった。それどころか、現在のシステム担当者は上限値の設定がある事実すら知らなかった。二十三年前の稼働当時に在籍していたシステム担当者は、上限値の存在を知っていたはずだ。だが、二十三年の間にシステム担当者が入れ替わる中、その存在が後任者に正しく引き継がれなかった。

みずほ銀行のシステム担当者が上限値の設定に気付く機会はあった。携帯電話で振り込みを受け付けるサービスを導入する前である。情報システムの「負荷テスト」を実施すれば、そこで気付いた可能性があった。負荷テストとは、大量の取引データが押し寄せても情報システムが正常に動き続けられるかどうかを確認するテストである。ところがみずほ銀行は、サービス導入前に負荷テストを実施していなかった。

みずほ銀行のような大企業には、情報システムのテストが漏れなく実施されているかどうかをチェックする組織が存在する。例えば、システム部門の中に「品質管理チーム」を設け、そのチームの担当者が、すべての情報システムのテストが正しく実施されているかを確かめる。金融機関の場合、システム部門とは別の独立組織として「監査部門」を置き、テストの実施状況などについて、第三者の目でチェックする。さらに、社外の専門機関に外部チェックを依頼することもある。

みずほ銀行についても、システム部門の品質管理チームによるチェック、監査部門によるチェック、持ち株会社のみずほフィナンシャルグループによる外部監査の枠組みはあった。ところが、負荷テストを実施していないという問題にだれも気付かなかった。

大胆な決断を下せず、障害が長引くことに

一括処理が異常終了したのは二日連続であったにもかかわらず、みずほ銀行のシステム担当者は、異常終了の原因究明に時間を取られてしまった。勘定系システムが出力したエラーメッセージを読み誤り、異常終了の原因をつかむのにてこずった。

「前日に続き、営業店端末の準備作業が午前九時までに終わりませんが、一括処理の完了を優先させたいと思います」。一括処理の異常終了が二日続いた翌日の十六日朝、萩原常務は西堀頭取に報告し、西堀頭取はこれを了承した。

だが、営業店端末の利用開始時刻を数時間遅らせただけでは、事態は改善しなかった。ここで、ATMを含むすべてのオンライン・サービスを一日停止するといった大胆な決断を下していたら、その後のシステム障害の影響を抑えられた可能性がある。ところが、みずほ銀行の経営陣には、そうした決断が下せなかった。

その結果、システム障害はついに、ATMの停止にまで広がった。萩原常務が西堀頭取に取引開始の遅れを報告したすぐ後の十六日午前八時、店舗に設置したATMが停止した。朝八時にA

みずほ銀行における1日のシステム運用スケジュール

8:00	営業店端末起動、オンライン処理開始
15:30	全銀送信（他行宛て振り込み）の締め
16:30	本支店間の振り込みの締め
17:00	営業店端末停止 オンライン処理終了
18:00～	夜間の一括処理開始（翌朝まで継続）
翌4:30	オンライン処理に向けた準備処理（タイムリミットは6：00）

ＴＭを起動する際に必要な準備処理をシステム担当者が失念したのが原因である。

大規模障害の「予兆」を見逃す

ＡＴＭ障害は三十三分で収まったが、これはその後の大規模障害の予兆でもあった。というのも、通常であれば朝の準備処理を失念することはありえない。準備処理は「自動運行システム」によって、毎日自動的に実行されているからだ。

自動運行システムとは、情報システムを自動運用するための仕組みである。朝八時にオンライン処理を始める、午後六時から夜間の一括処理を始める、といった具合に、毎日の運用ルールに沿って、決まった時刻に決まった処理の実行命令を情報システムに自動的に投入する役割を担う。

勘定系システムのような大型の情報システムを運用する場合、何時にどんな処理を実行し、それが終わったら次にこの処理を始めるなど、一括処理の実行順序や実行時刻などを明記した運用マニュアルを用意する。そこには、一括処理だけでなく、朝のＡＴＭ起動に必要な準備処理などについても盛り込む。自動運行システムがこのマニュアルに沿って、実行命令を勘定系システムに自動的に入力できるように、実行命令とその実行条件を自動運行システムにあらかじめセットしておく。

自動運行システムを使う目的は、実行命令を入力する際の人為ミスをなくすことにある。例えばみずほ銀行の場合、一晩に三万件もの処理を実行している。つまり、毎晩三万件の実行命令を勘定系システムに入力しなければならない。しかも、これらの処理は、あらかじめ決めた順番どおりに実行する必要がある。これだけの件数の命令を、システム担当者がシステム運用端末のキーボードやマウスなどを使って入力していたら、実行順序を間違えたり、ある処理の実行を忘れたりしてしまう可能性が出てくる。

三万件の処理が順調に進んでいる場合は、あらかじめ決めた「正常時のシナリオ」に沿って情報システムを自動運行すればよい。ところが問題は、どこかで一括処理が異常終了した場合である。この場合、システム担当者が異常の原因を突きとめ、その原因を取り除いた上で、異常終了した一括処理を再実行する必要が生じる。それによって一括処理が再び正常に進み始めれば、正常時のシナリオに沿った自動運行に戻せる。

ただし、異常終了した一括処理を何度実行しても正常終了しない場合、その後は、「正常時のシナリオ」とは異なる「異常時のシナリオ」にそって、一括処理を実行する必要が生じる。

十四日から十五日にかけてのみずほ銀行が、まさにこのケースであった。ここで、「異常時のシナリオ」が、自動運行システムにあらかじめ組み込んであれば、そのシナリオにそって、十五日以降も一括処理を自動的に実行できたところだった。しかし、みずほ銀行は、この日のような状況の時に使える異常時のシナリオを用意していなかった。

このため、みずほ銀行は十五日の朝以降、自動運行システムが使えなくなった。システム担当者が運用端末から、一括処理や準備処理などの実行命令を、手作業で入力することになったわけだ。こうなると、システム担当者が細心の注意を払ったとしても、一定の確率でミスは起こる。

今にして思えば、自動運行システムが使えなくなった時点で、店舗のオンライン・サービスを一日停止するなどの手を打つべきであった。だが、システム担当者たちは、自動運行システムが使えないという事態の重大さを、経営陣に適切に伝えることができなかった。経営陣も、システム担当者の踏ん張りに期待してしまった。その結果、思い切った手を打つ機会を逃した。

みずほ銀行は、異常時のシナリオを自動運行システムに組み込んでおかなかったどころか、紙の運用マニュアルとしても用意していなかった。そのためシステム担当者たちは、まずどの処理を進めて、それが終わったら次にどの処理を実行して、という具合に、異常時のシナリオをその場で考え組み立てながら作業する羽目になった。

本来、シナリオを考える作業は、じっくり時間をかけてこなすものである。シナリオを組んだ後は、その内容に誤りがないかどうか、何度もテストをこなす。システム障害の最中に、誤りが一つもないシナリオを考え、その内容に沿ってシステム担当者がミス一つなく実行命令を入力するのは、どう考えても不可能だ。

一括処理が異常終了したときの対応について、みずほ銀行とは対照的な取り組みをしている大手銀行がある。この銀行には、「午前四時三十分になっても夜間の一括処理が終わっていなかったら、後続の一括処理をあきらめ、オンライン処理の準備作業に入る」というルールがある。このルールと共に、一括処理を中断してからオンライン処理の準備を進めるまでの手順に沿ったシステム運用のシナリオも用意してある。一括処理を中断するための意思決定ルートと連絡体制も明確にしてある。この大手銀行は、みずほ銀行と同様に、一括処理の設計思想に基づく古い勘定系システムを使っている。それでも、このような工夫によって大規模なシステム障害を防いでいる。

みずほ銀行のシステム担当者が、異常時に使える運用マニュアルを用意していなかったのは、システム部門の責任である。だが、現場のシステム担当者に無理を強いたみずほ銀行の経営陣の責任は、それ以上に重い。システム部門は、経営陣から命じられたら、最善を尽くそうと考え、前進してしまう。運用マニュアルを用意していなかったという非があるだけに、なおさらだ。システム障害の全面復旧に向けて張り切るシステム部門に「待った」をかけて、銀行全体にとって最適な判断を下すのが、経営陣の責務である。みずほ銀行の経営陣には、それができなかった。

結果的に、システム運用操作において、実行命令の入力漏れや入力誤りといったミスが多発し、それらがシステム障害の影響拡大を招いた。その一例が、十六日朝のATM障害だった。

ついにATMが全面停止

十六日朝は、一括処理のエラー対応、ATM障害への対処といった作業が重なったため、オンライン処理の開始準備に時間がかかった。営業店端末を使った取引開始は、午前九時に始められず、結局午前十一時十二分まで遅れた。前日と同様に、振り込みの一部が未送信になった。さらにこの日から、みずほ銀行が他行から受け取った振り込みデータについても、振り込み先の口座に対する入金処理ができなくなった。

みずほ銀行のシステム担当者は十六日午後七時二十分から翌十七日の早朝にかけて、異常終了したままになっていた十五日分の一括処理を再実行した。それでも、十七日午前五時二十分までに、一部の一括処理しか完了しなかった。この間、システム運用のミスによってATMが止まるシステム障害が再発し、一括処理の実行が遅れたことなどが原因だ。

店舗でのオンライン処理の開始時刻を三日連続で遅らせる事態は避けなければ——。みずほ銀行は、このように考え、十七日は午前五時三十分に一括処理を中断し、店舗におけるオンライン処理の準備作業に移った。しかし、ATM障害の復旧対応などに手間取り、午前九時の開店までに間に合いそうもないことが分かった。

ここでみずほ銀行は、一つの決断を下す。営業店の開店準備作業が終わるまでの間、すべてのATMを停止することにしたのだ。システム担当者が、営業店の開店準備作業に集中できるようにするためである。午前八時、メガバンクの店舗に置かれたＡＴＭがいっせいに稼働する時間を迎えたが、みずほ銀行のＡＴＭだけは一台残らず取り扱いを停止したままだった。

「午前八時三十分現在、ＡＴＭが利用できない状態になっています」。みずほ銀行は三月十七日朝、システム障害が発生していることを正式に発表した。併せて、合計五千七百億円分の振り込みが未処理になっていると公表した。

これによって、みずほ銀行のシステム障害が、社会全体に知れ渡った。「合併直後に続いて、またシステム障害を起こしたのか」「みずほは一体、なにをやっているんだ」といった声が、預金者から上がり始めた。

みずほ銀行は十七日午前十時四十六分に営業店端末を稼働させ、六分後の午後十時五十二分にＡＴＭを起動した。その後、午後一時に記者会見を開いた。会場に姿を見せた西堀頭取は「情報システムの正常化には時間がかかりそうです」と述べた。

その後のシステム障害対応について、西堀頭取は次のように説明した。「これまでは、夜間の一括処理と、オンライン処理の両方を正常化させようとしていました。今後は窓口業務などオンライン処理を一部制限して、未処理の一括処理を優先させます」。十四日のトラブル発生から丸三日、ようやくシステム障害の抜本的な解決を目指すと対外的に宣言したわけだ。

システム障害対応は、初動が命である。数時間の停止を恐れず即座に手を打っておけば、ここまで大事にはならなかったが、事態はすでにＡＴＭの全面停止にまで広がっていた。

2011年3月にみずほ銀行で発生したシステム障害の経緯

日付	障害内容と復旧状況
3月14日	テレビ局の義援金振り込み口座に、上限件数を超える振り込みが集中
	一括処理 義援金口座の振り込み処理が異常終了
15日	システム運用を手動に切り替え、以後操作ミスが多発
	携帯電話から義援金の振り込みが集中
	一括処理 15日指定の振り込み31万件を処理できず
	一括処理 義援金口座の振り込み処理が2日連続で異常終了
	オンライン 午前10時25分まで、店舗で一部取引ができず
16日	一括処理 振り込みの積み残しを解消できず
	一括処理 他行から受信した振り込みデータを処理できず
	オンライン 午前8時にATMが停止
	オンライン 午前11時12分まで店舗で一部取引ができず
17日	一括処理 振り込みの積み残しを解消できず
	オンライン 午前10時46分まで、店舗で一部取引ができず
	オンライン 午前10時52分まで、ATMを全面停止
	オンライン 午後5時20分から午後9時36分までATMが全面停止
18日	一括処理 振り込みの積み残しを解消できず。給与振り込みの積み残しも発生し、その後積み残しは合計120万件に増える
	一括処理 他行から受信した振り込みの積み残しが合計101万件に増える
	オンライン 店舗外ATMを午前7時まで停止
	オンライン 午後3時以降、インターネットバンキングなどを停止
19～21日	一括処理 積み残した振り込み処理を順次実行
	オンライン ATMとインターネットバンキングの稼働を停止
	残高が確認できなくても最高10万円を支払う特別対応を店舗で実施
22日	一括処理 振り込み16万件が未送信として残る
	オンライン 正午まで窓口での入出金と振り込みなどを停止
23日	一括処理 振り込み1000件が未送信として残る
24日	一括処理 未処理分の振り込みがすべて完了
28日	金融庁から立ち入り検査実施の通告を受ける
4月11日	外部の専門家を集め、システム障害の原因などを究明する第三者委員会「システム障害特別調査委員会」を設置したと発表
5月20日	調査委員会を通じ、システム障害の「調査報告書」を発表
23日	西堀利頭取とシステム担当役員の萩原忠幸常務執行役員の引責辞任を発表

みずほ銀行が2011年3月17日に発表したシステム障害についての説明資料

2011年3月17日

各位

株式会社みずほ銀行

システム障害による取引の処理遅延等のお詫びとご報告

みずほ銀行のシステム障害により、振込取引を中心とした決済取引やＡＴＭ・インターネットバンキング取引の不能を発生させ、お客さまに対し、多大なご迷惑をおかけしておりますことを深くお詫び申し上げます。

現時点までに判明していることについてご報告いたします。

１．主な障害

（１）振込取引

３月１５日、１６日を指定日とする振込取引 約４４万件 ５，７００億円の送金処理が遅延しております。

（２）ＡＴＭ、インターネットサービス、外貨預金など

３月１５、１６、１７日において、ＡＴＭやインターネットサービス、外貨預金などの取引が全てまたは一部不能となりました。

西堀頭取がシステム障害の解決を優先すると宣言した後も、システム運用を手作業に切り替えてしまったことによるミスと、それによるシステム障害が止まらなかった。

十七日午後五時二十分から四時間強にわたってＡＴＭが再び全面停止したのも、システム担当者のミスが原因だった。毎日必ず実施しなければならない操作を忘れたのである。勘定系システムでは、取引が発生するたびにそれをデータとして記録している。この記録ファイル（ログファイル）が、あらかじめ決めた容量に近づくと、ファイルの中身を別の保存用ファイルにコピーしてから元のファイルの中身を削除しなければならない。この、コピーと削除の操作が漏れ、新たに

取引を受け付けることができなくなってしまった。

十七日午後十時四十六分には、携帯電話からの振り込みが集中した口座ｂについて、一部の振り込みデータがなくなっていることが判明した。処理が完了したデータや、コピーが終わったデータなど、不要になったデータの削除命令を入力したときにミスがあり、必要なデータまで削除してしまった。なくなったデータの特定に五時間、データの再作成に十一時間を要した。このため、口座ｂを含めた十五日分の一括処理の完了は、さらに遅れた。これによって、十八日までシステム障害の影響が続くことが決定的になった。

みずほ銀行は、十八日までに、なんとしてもシステム障害を復旧させたい事情があった。十八日には、二十日付の給与振り込み処理を大量に実施する予定が組まれていたからだ。

システム全面休止をようやく決断

多くの企業は、五日や十日、十五日、二十日などの「五十日（ごとおび）」を、給与の支払日としている。二〇一一年三月二十日は祝日であり、その前日の十九日は休業日だったため、前営業日の十八日に給与振り込みを実行する必要があった。それには、十七日の夜間に事前準備として一括処理を完了しておかなければならない。

にもかかわらず、この一括処理が滞り、十八日に入金予定だった六十二万件分の給与振り込みができなかった。振り込まれなかった金額は、合計千二百五十六億円に達した。この時点で、積

2011年3月18日、みずほ銀行の店舗に貼り出されたシステム障害のお知らせ

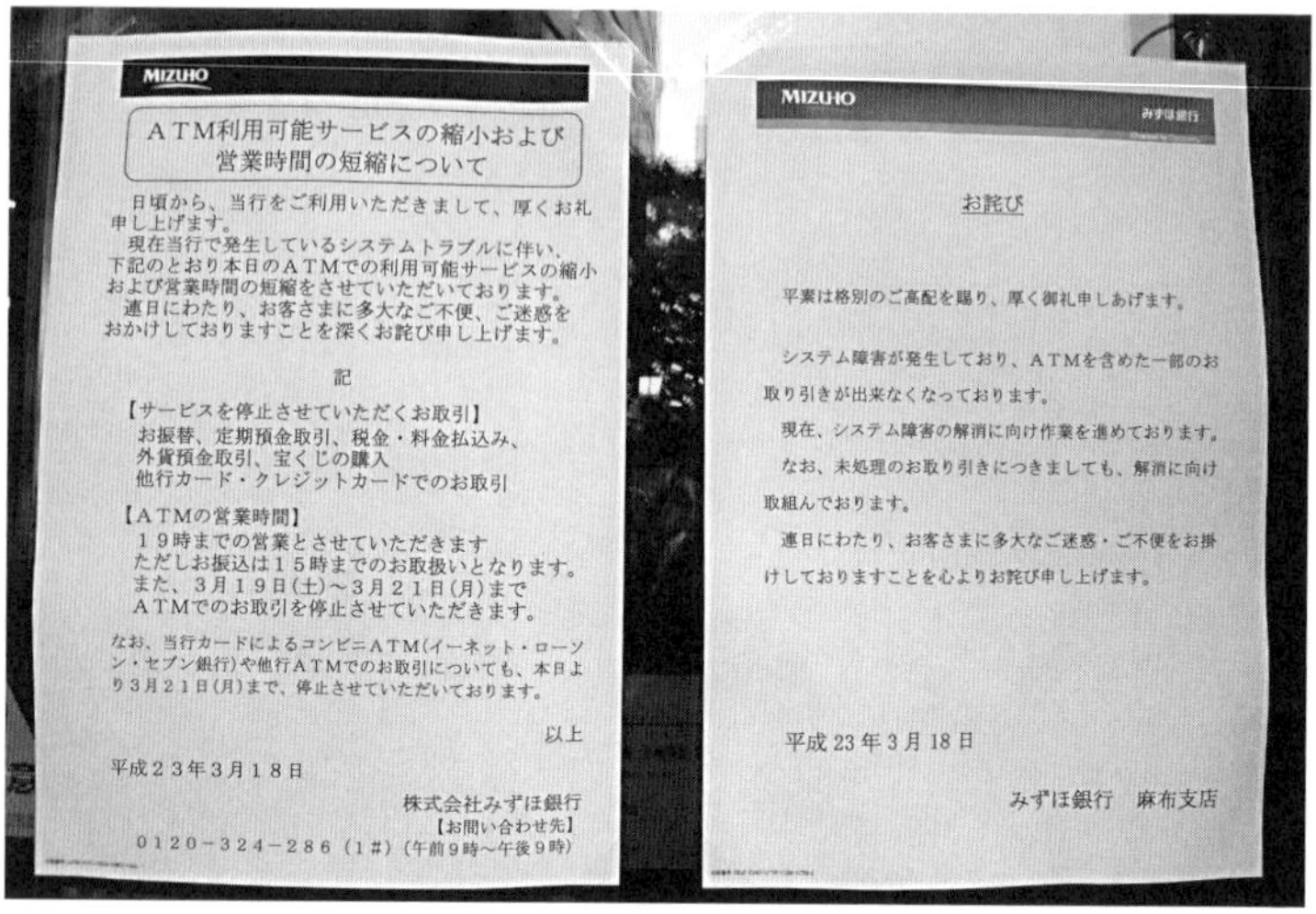

み残し分を含めた未処理の振り込み件数は百万件を超えた。

これを受けて、みずほ銀行は二つの決断を下す。

一つは、情報システムの計画停止である。システム担当者と勘定系システムの処理能力を障害対応に集中させるため、十八日からの五日間、店舗外ＡＴＭやインターネットバンキングなどのサービス停止を決めた。さらに十九日からの三連休の間は、全国にあるすべてのＡＴＭを動かさないことにした。

三連休はすべてのＡＴＭを止める代わりに、店舗を開けて預金者に特別対応を実施することにした。これがもう一つの決断である。特別対応とは、現金の引き出しを望む預金者などに対して、口座残高が確認できなくても、十万円までを支払うというものだ。ＡＴＭを止める三連

休の間に、どうしても現金が必要になる人に対する措置である。

みずほ銀行以外の銀行に口座を持つ人にも、最高十万円を支払うことにした。みずほ銀行に法人口座を持つ企業の場合、社員の給与振り込み口座がみずほ銀行以外の銀行にあったとしても、その他行口座への給与振り込みが滞るからだ。

残高が確認できなくても現金を支払うのは、苦肉の策であった。というのも、みずほ銀行が他行の口座残高を知る術はない。自行の口座についても、勘定系システムを全面停止するため、三連休は確認のしようがない。みずほ銀行は、支払いを受ける人には、氏名や勤務先、電話番号などを聞き、対象口座のキャッシュカードの提示を求め、現金を支払うことにした。

この対応については、行内外で賛否両論あった。システム障害対応としては適切だとの声が上がるのと同時に、残高が十万円に満たないにもかかわらず悪意を持って現金を受け取る人が現れ、結果的に支払った現金の未回収が生じるのではないかとの見方も出た。

案の定、五月十三日の二〇一一年三月期決算発表時点で、みずほフィナンシャルグループは四億円の未回収が生じていると明かした。システム障害対応のコストが増えてしまった格好だ。

自動操作に戻し、収束にメド

話を三月十八日の三連休前日に戻す。みずほ銀行はこの日、三連休のシステム計画停止と特別支払い対応について発表した。

行内では、システム部門が三連休の障害対応についての準備に取り掛かった。十八日午後一時三十分、みずほ銀行本店ビルの二十二階に、「障害対策チーム」を設けた。そこに、みずほ銀行のIT・システム統括部とシステム運用部、みずほ情報総研、みずほオペレーションサービスの担当者が集まった。IT・システム統括部とみずほ情報総研はシステムの設計・開発を担当する組織・企業であり、システム運用部とみずほオペレーションサービスは、システム運用を担う。障害発生から五日後に、三社の障害対策チームが初めて一本化した。

これに前後して、自動運行システムを改良し、十五日の朝から手動に切り替えていたシステム運用操作を自動化できるようにした。これにより、新たなミスを防ぐメドをようやくつけた。

みずほ銀行の西堀頭取は三月十八日夜の記者会見で、「二十二日までにシステムの正常化を目指す」と力を込めた。

二十二日という日付を挙げたのは、次の給与振り込みの山場である二十五日を見据えてのことだ。みずほ銀行に給与振り込みを委託する企業は、振り込み日の一週間~二日前までに、振り込みに必要なデータをみずほ銀行に渡しておく必要がある。しかしみずほ銀行は十五日以降、未完了の一括処理を優先するため、給与振り込みに必要なデータの受け付けを中断していた。システム正常化が連休明けの二十三日以降にずれ込んだ場合、振り込みデータの受け付け作業や、その後の振り込み処理が遅延し、二十五日付の給与振り込みが、予定通りに完了しない恐れが生じてしまう。

2011年3月18日、記者会見に臨むみずほ銀行の西堀利頭取（右から二人目）と萩原忠幸常務執行役員（右端）

ＡＴＭなどを全面停止して臨んだ十九日からの三連休、みずほ銀行は一気に巻き返しを図った。十九日午後七時五分に十五日分の一括処理を完了させるなど、ある程度は復旧させることができた。それでも積み残した一括処理をすべて解消するには至らず、三連休最終日の二十一日午後十時には、連休明けの二十二日朝までに全面復旧できないことが確実となった。これを受けて、西堀頭取は二十二日以降も一部のＡＴＭやインターネットバンキングのサービスを引き続き制限することを決めた。

二十二日は正午まで振り込み関連のサービスなどを停止し、夜間に実施していた一括処理を午前中に実行することにした。すでに述べたように、振り込み処理については、昼間のオンライン処理と夜間の一括処理を交互に起動させており、夜間の一括処理を終わらせないと、翌日のオンライン処理を実行できない仕組みであった。この日は昼間のオンライン処理を一部制限することなどによって、一括処理を昼間に動かせるようにした。本来であれば、これもテストを重ねてから実現する類のものだが、緊急性を要すると判断した。

この対策が奏功し、二十二日夜間の一括処理から、システム運用を正常化することができた。

みずほ銀行は二十二日夜、システム障害の解消にメドがついたことから、店舗とＡＴＭともに二十三日は朝から営業を開始すると発表した。二十三日には、積み残しになっていた振り込み十六万件をほとんど処理することができた。ただし、このうち千件については、翌二十四日に入金が延びた。振り込み処理の積み残しを完全に解消できたのは三月二十四日、十四日のシステム障害発生から十日後のことであった。十日間の間に、入金が遅れた他行宛振り込みは合計百二十万件、他行からの振り込みは百一万件に上った。

第8章

重なった三十の不手際

真因は経営陣のＩＴ軽視、
問題先送りのツケが回る

「最大の山場は乗り切った」。みずほ銀行の西堀頭取は三月二十五日夜の記者会見で、システム障害の収束を宣言した。最大の山場とは、二十五日の給与振り込みであった。みずほ銀行の一部顧客が給与振り込みの依頼を他行に切り替えたことによる処理件数の減少などもあり、文字通りなんとか乗り切った。

システム障害についての騒動は、ここで収まったかのように思えた。この日が頭取としての最後の記者会見になるとは、このとき西堀頭取は予想していなかったであろう。ところがその後、システム障害の原因究明が進むにつれ、第1章で述べたような数々の不手際が明らかになっていった。

みずほ銀行は四月十一日、一連のシステム障害の原因究明を行う第三者委員会「システム障害特別調査委員会」を設置した。外部の有識者からなる調査委員会が、みずほ銀行の経営陣やシステム担当者などに対して聞き取り調査などを重ねていくと、経営陣の決断の遅れやシステム担当者のミスといった不手際が、いくつも見つかった。

調査委員会による調査と並行して、金融庁もみずほ銀行とみずほフィナンシャルグループへのシステム検査を実施した。検査によって、システム障害はシステム部門だけの問題ではなかったことが、はっきりしてきた。

みずほ銀行は、システム障害特別調査委員会がまとめたシステム障害の報告書を五月二十日に発表した。合計三十八ページの報告資料を日経コンピュータが検証したところ、三十もの不手際

システム障害特別調査委員会のメンバー

委員長	甲斐中辰夫氏（弁護士、元最高裁判所判事）
委員	門口正人氏（弁護士、元名古屋高等裁判所長官）
	後藤順子氏（公認会計士、トーマツ パートナー金融本部長）
	武田安正氏（アクセンチュア副社長）

が重なって、システム障害の影響が拡大していた事実が判明した。

いずれも、直接的な原因はシステム部門にあるものが多い。だが、その背景にある根本的な原因を見失ってはならない。根本的な原因とは、みずほ銀行とみずほフィナンシャルグループの経営陣のＩＴ軽視、およびＩＴへの理解不足である。

ここから、三十の不手際とその背景にある問題を考える。そのために、これらの不手際を四種類に整理する。一つ目は情報システムの仕様や設定についてのもの、二つ目はシステム運用に関係するもの、三つ目はリスク管理についてのもの、四つ目は緊急態勢に関連のあるもの、である。

「ブラックボックス化」と老朽化が進行

一つ目の、情報システムの仕様や設定についての不手際は、例えば義援金口座の振り込み件数の上限値設定を誤った、上限値設定の存在をシステム担当者が知らなかった、といったものだ。これらの不手際の原因は、稼働以来二十三年が経つ勘定系システムを、大幅な刷新をせずに使い続けてきたことにある。長年にわたって、新サービスの投入や法制度対応などのための部分的な機能変更を繰り返した結果、勘定系システムの中身が複雑になってしまった。情報システムがこのような状態に陥ることを、情報システムの「ブラックボックス化」と呼ぶ。

メガバンクの勘定系システムは、利用しているコンピューター・プログラムを見ると、全体で一億行（ライン）に迫るまで膨らんでいる。一人のエンジニアが一カ月仕事をしたとして、開発できるプログラムは、五百～八百行と言われる。単純計算すると、一億行を開発するには、千人のエンジニアが十年間開発を続けないといけない量である。

みずほ銀行の勘定系システムは、システム担当者でさえ全容が分からないブラックボックスとなった。その結果、システム担当者が勘定系システムの仕様について、隅から隅まで把握することができなくなってしまった。

さらに今回のシステム障害では、オンライン処理と一括処理を交互に実行する設計思想が、影響拡大につながった。これは、勘定系システムの老朽化による弊害といえる。

一括処理は銀行システムの鬼門である。みずほ銀行の九年前のシステム障害も、影響拡大の要因は一括処理の遅れにあった。みずほ銀行に限らず、三菱東京ＵＦＪ銀行（旧ＵＦＪ銀行）も二〇〇二年一月に、三井住友銀行は二〇〇三年十一月に、一括処理の失敗によるシステム障害を引き起こしている。

これを教訓に、例えば三菱東京ＵＦＪ銀行は二〇〇八年十二月までの三年に及ぶシステム統合プロジェクトの一環で、振り込みシステムを全面刷新した。新システムでは振り込みデータを一

経営陣のIT軽視とITへの理解不足が、30もの不手際につながり、システム障害の拡大を招いた

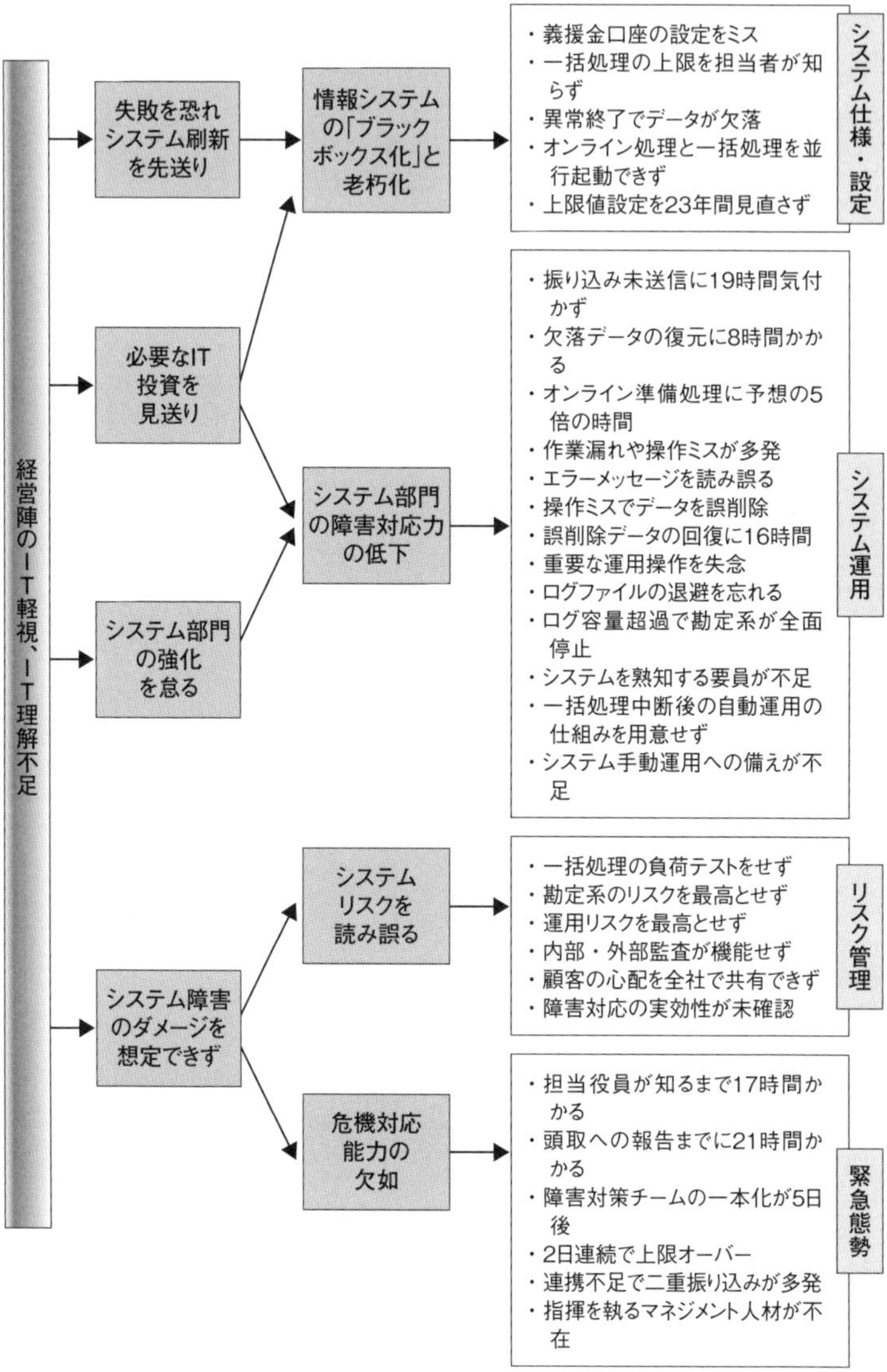
経営陣のIT軽視、IT理解不足
失敗を恐れシステム刷新を先送り
必要なIT投資を見送り
システム部門の強化を怠る
システム障害のダメージを想定できず
情報システムの「ブラックボックス化」と老朽化
システム部門の障害対応力の低下
システムリスクを読み誤る
危機対応能力の欠如
・義援金口座の設定をミス
・一括処理の上限を担当者が知らず
・異常終了でデータが欠落
・オンライン処理と一括処理を並行起動できず
・上限値設定を23年間見直さず
システム仕様・設定
・振り込み未送信に19時間気付かず
・欠落データの復元に8時間かかる
・オンライン準備処理に予想の5倍の時間
・作業漏れや操作ミスが多発
・エラーメッセージを読み誤る
・操作ミスでデータを誤削除
・誤削除データの回復に16時間
・重要な運用操作を失念
・ログファイルの退避を忘れる
・ログ容量超過で勘定系が全面停止
・システムを熟知する要員が不足
・一括処理中断後の自動運用の仕組みを用意せず
・システム手動運用への備えが不足
システム運用
・一括処理の負荷テストをせず
・勘定系のリスクを最高とせず
・運用リスクを最高とせず
・内部・外部監査が機能せず
・顧客の心配を全社で共有できず
・障害対応の実効性が未確認
リスク管理
・担当役員が知るまで17時間かかる
・頭取への報告までに21時間かかる
・障害対策チームの一本化が5日後
・2日連続で上限オーバー
・連携不足で二重振り込みが多発
・指揮を執るマネジメント人材が不在
緊急態勢

件ずつオンライン処理できるようにした。従来は処理結果を紙の帳票に印字して担当者が目視チェックしていたが、これをパソコンで一件ずつ確認できるように変えた。これに対して、みずほ銀行は九年前に大規模障害を起こした後も、一九八〇年代の設計思想を引きずった勘定系システムを使い続けてきた。

「システムは正常に動作して当たり前」は間違い

二つ目の不手際は、システム運用に関係するものだ。操作ミスが多発した、必要なデータを誤って削除した、重要な運用操作を失念した、一括処理が中断した後の自動運用の仕組みを用意していなかった、といったものである。

これらについても、直接的にはシステム部門に原因がある。自動運行の仕組みが使えなくなったことによって、ミスの発生に拍車をかけてしまうなど、システム障害という緊急事態への対応力が決定的に足りなかった。

情報システムの動作監視や障害対応といったシステム運用業務は、ミスとの闘いである。情報システムは、ハードウエアやソフトウエアを組み合わせて人間が構築するものであるからだ。人間がする作業である以上、ミスは付き物である。ハードウエアやソフトウエアなど、情報システムを構成する一つひとつの要素は、完成された製品に違いないが、それらを組み合わせて構築する情報システムには、一定の確率で不具合が混入する。自社の業務に合わせたソフトウエア（コンピューター・プログラムが集まったもの）を独自に構築する場合は、ソフトウエアに欠陥（バグ）が紛れ込みやすくもなる。

テストによって不具合や欠陥を修正し、完成にこぎつけたとしても、油断はできない。企業を取り巻く「外部環境」の変化に合わせて、情報システムを毎日正常に動作させるのは、とても難しい作業である。外部環境の変化を示す最たる例が、三月十四日にみずほ銀行が直面した、義援金の振り込み集中である。

内部環境の変化にも、情報システムを適応させていかなければならない。新サービスを開始する、利息を付ける、利率を変更する、ＡＴＭを新設する、法制度の改正に合わせて業務ルールを変える、といった場合には、情報システムの変更が欠かせない。変更作業でミスをすれば、すぐさまシステム障害が起こる。

情報システムの外部環境と内部環境は日々変化する。そう考えると、情報システムは今日正常に動いたからといって、明日も正常に動く保証はない。「情報システムは正常に動作して当たり前」と考えるのは、大きな間違いである。

システムリスクを軽視、監査は形骸化

不手際の三つ目、リスク管理の不手際については、普段からのシステムリスク点検の不備と、新サービスを導入する際のリスク評価の不備を指摘しなければならない。

普段からのリスク点検について、みずほ銀行とみずほフィナンシャルグループは、システム監査における「システム運用管理体制」のリスクを最高レベルとしていなかった。みずほ銀行の勘定系システムのリスクについても、最高レベルではなく、それよりも一段階低く見積もっていた。いずれも、本来であればリスクを最高とすべき領域であるにもかかわらずだ。さらに、みずほフィナンシャルグループは、情報システム子会社であるみずほ情報総研にシステム監査を行う責任があったが、実際には監査を行っていなかった。

新サービスの導入にあたっては、情報システムのテストが漏れなく実施されているかどうかをチェックするプロセスが抜け落ちていた。システム部門の担当チームがテストを実施せず、システム部門の品質管理チームがこの問題を見逃し、監査部門による内部監査とみずほフィナンシャルグループによる外部監査も機能していなかった。

システムリスクの考え方や特に注意するポイントについて、金融庁や日本銀行などが、検査マニュアルや調査論文などを通じて公表していた。それらは、システム障害の実例を基に作成されたものであり、今回とよく似た事例が掲載されていたにもかかわらず、みずほ銀行とみずほフィナンシャルグループは、こうした情報も活用していなかった。

危機対応能力の欠如が浮き彫りに

不手際の四つ目、緊急態勢の不手際からは、危機対応能力の欠如が浮き彫りになった。システ

システム障害特別調査委員会が2011年5月20日に発表した「調査報告書」には、「多重障害の陣頭指揮を執り得るマネジメント人材も不足していた」と書かれている

> 本障害の原因として、ある事象の勘定系システム全体への影響を分析する能力を有し、あるいは多重障害の復旧見通しが立てられる実務人材が不足していたことが指摘される。たとえば、IT・システム統括部において、夜間バッチや為替について、MHIRから提示される対応策を十分に理解できず、更に、MHIRからなされる報告も、発生した事象に関する断片的な情報にとどまり適切な障害対応の判断には不足していたにもかかわらず、そのまま受け入れる判断しかできなかったのである。また、一連の障害を通じて、システム全体を俯瞰でき、かつ、多重障害の陣頭指揮を執り得るマネジメントの人材も不足していたといえよう。
>
> その上、MHBK、MHIR、MHOS合同でのシステム障害を想定した実地訓練がこれまで実施されていなかったことからも明らかなとおり、訓練を通じて人材を育成する視点が希薄だったと考えられる。
>
> また、システム部門においては、ノウハウや仕様の可視化を試みることによって、新たな人材に伝えていくことが肝要であるが、2002年の大規模障害時も「各種ドキュメンテーションの整理不足」という観点で同様の不備が認められているものの、長期安定稼動システムの仕様の可視化が伴わず、その承継が不十分であったことも付加しておく。
>
> 人材の不足の背景には、2002年に大規模障害が発生して以降の品質向上への取組みの結果、勘定系システムにおいて障害件数が減少し、本障害の引金となった夜間バッ

ム障害が発生してから、システム担当役員がそれを知るまでに十七時間、頭取が報告を受けるまでには二十一時間を要している。当初は、ここまで大規模なシステム障害に広がると予測していなかったため、システム担当者からの報告が遅れたのであろう。だがそれにしても、時間がかかりすぎている。

この報告の遅れが初動の遅れにつながり、システム障害の影響拡大を招いたのは、第1章で示したとおりである。多重障害の陣頭指揮を執るマネジメント人材が不足していた――。システム障害特別調査委員会はシステム障害についての報告書で、こう指摘している。

みずほ銀行の Web サイトに掲載された、システム障害へのお詫び

情報発信に混乱も

緊急態勢の不手際に関連するが、システム障害についてのみずほ銀行の情報発信に混乱があった点も見逃せない。例えば振り込み遅れの件数について、みずほ銀行は三月十八日の時点で百十六万件と説明していた。ところが実際は百二十万件であった。これとは別に、他行からの振り込み百一万件も未処理となっていたことを、五月二十日に調査委員会が発表した報告書を通じて、初めて明かした。

システム障害の引き金についても、記者会見では当初から「東日本巨大地震への義援金の振り込みが

きっかけではないのか」との質問が上がっていた。これに対して、みずほ銀行の西堀頭取は回答を避けた。一方、金融庁には義援金の振り込みがきっかけであったと報告した。後の記者会見で、「義援金の振り込みが引き金だったと金融庁に報告したというのは事実か」と報道陣に問われ、西堀頭取はようやく正式に認めた。

このような情報発信の不手際が、システム障害の混乱ぶりを世間により強く印象付けることにつながってしまった。

費用とリスクを嫌い、システム刷新を先送り

四種類の不手際の背景にある問題をさらに整理すると、二つの経営問題にたどり着く。「システム刷新を先送りした」という点と、「組織としての基本動作を誤った」という点である。

みずほ銀行が勘定系システムの刷新を見送ってきたのは、みずほ銀行とみずほフィナンシャルグループの歴代の経営陣が、大規模なシステム刷新を決断できなかったからである。

その理由について、メガバンクの元・最高情報責任者（CIO）は「費用がネックになったのではないか」と指摘する。メガバンクの勘定系システムとなれば、全面刷新するには二千億〜三千億円はかかる。金額以上にやっかいなのは、投資効果が見えにくいことだ。勘定系システムを刷新しても、顧客サービスの質の変化が見えにくい。インターネットバンキングやATMといった顧客の目に触れるシステムに比べて、投資をかけにくい領域のシステムといえる。それでも、

銀行にとってはなくてはならない、「縁の下の力持ち」の存在だ。

だからこそ、「勘定系システムは、長期的な視点で刷新を決める必要がある」（メガバンクの元CIO）。みずほ銀行とみずほフィナンシャルグループの歴代経営陣がこうした認識を持っていれば、勘定系システムを二十三年間も放置しておくことはなかったはずだ。

そもそも、みずほの経営陣は、勘定系システムの稼働年が一九八八年であるという事実を知っていたのだろうか。家電メーカーや自動車メーカーの社長であれば、主要製品を製造する旗艦工場の稼働時期や生産能力が頭に入っているはずだ。システム装置産業ともいえる金融機関にとって、勘定系システムはメーカーの旗艦工場に匹敵する設備である。銀行の頭取は、勘定系システムという主要設備が老朽化して生産性（業務効率）が低下していないか、ライバルの設備と比べて見劣りしないか、といった関心を持つ必要がある。

みずほ銀行が勘定系システムの全面刷新に踏み込めなかったのは、経営陣がシステム刷新のリスクを嫌った結果でもある。メガバンクの勘定系システムを全面刷新するとなると、日本最大級の大規模なシステム開発プロジェクトになる。難易度は高く、失敗のリスクも膨らむ。みずほの歴代トップは、「情報システムのことはよくわからない。どれだけリスクがあるのかも、感覚的にはつかめない。自分がトップでいる間は、今の情報システムで我慢してもらって、刷新は次の世代に任せよう」と考えたのではなかったか。だがこれは、単なる課題の先送りでしかない。

みずほ銀行のシステム構成と、トラブルが波及した箇所

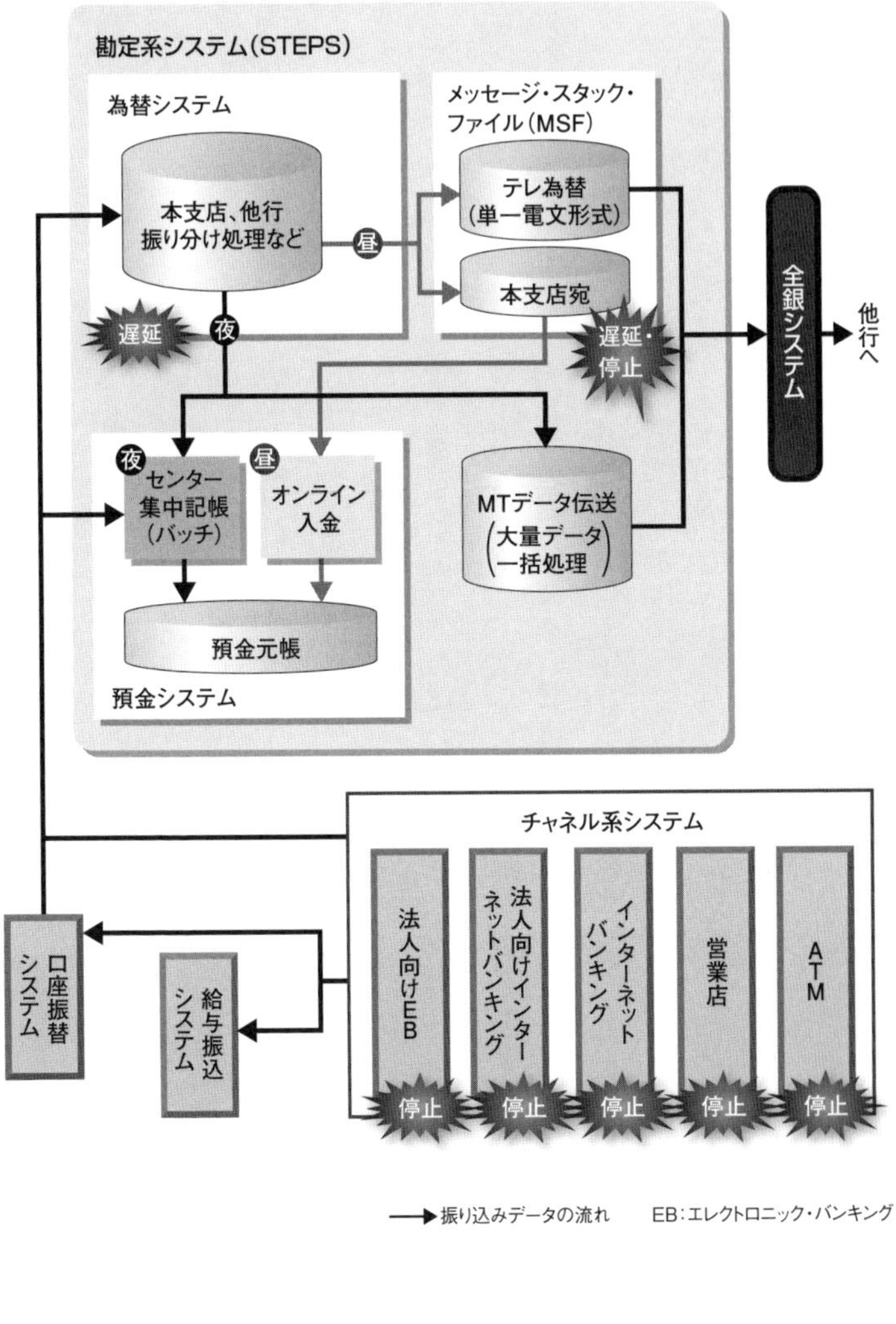

→振り込みデータの流れ　EB:エレクトロニック・バンキング

コンピューター・メーカーの責任ではない

誤解がないように付け加えると、みずほ銀行の勘定系システムの問題は、みずほ銀行自身の責任であり、システム開発会社やコンピューター・メーカーの責任ではない。例えば、みずほ銀行の勘定系システムは富士通製の大型コンピューターで動いているが、だからといって、富士通のコンピューターの性能や仕様に問題があったわけではない。システム障害の原因となったのは、「アプリケーション」と呼ぶソフトウエアの設計思想やシステム運用などの不手際であり、コンピューターという「ハードウエア」ではないからだ。

さらにいえば、ソフトウエアはアプリケーションとミドルウエア、基本ソフト（ＯＳ）の三種類に分かれる。このうちＯＳとミドルウエアについては、みずほ銀行は富士通製の製品をいくつも使っているが、これらも二〇一一年三月のシステム障害とは関係ない。

アプリケーションは、みずほ銀行とそのシステム関連会社が仕様を決め、設計・開発し、運用している。システム開発会社も一部の開発などに携わっており、富士通グループもこの立場に該当するが、それはみずほグループの責任の下で、作業の一部を受託しているだけである。

システム障害が起こると、世の中では必ずといっていいほど、「システム障害を引き起こした企業は、どのメーカーのコンピューターを使っているのか」、「システム開発会社はどこなのか」といった「犯人探し」が始まる。だが、原因がアプリケーションの機能や運用の不備にある場合は、そのソフトウエアを設計し、運用する企業側に責任があることが多い。このような情報システムの基本を理解せず、「みずほ銀行でシステム障害が起こったということは、富士通のコンピューターに原因があるのか」と考えるのは間違いである。

富士通は日本最大のコンピューター・メーカーであり、日本を代表する金融機関や証券取引所、自動車・電機・流通大手、官公庁などに、大型コンピューターを納入している。システム障害が発生した情報システムで使われているコンピューターを調べると、富士通機である確率が必然的に高くなる。「システム障害の話題になると、富士通のコンピューターを使っているという話をよく聞くが、富士通機は壊れやすいのか」と考える人がいたら、これまたたいへんな誤解である。

組織としての基本動作を誤った

話をみずほ銀行の経営問題に戻そう。システム刷新の先送りと並ぶ問題は、みずほ銀行とみずほフィナンシャルグループおよび関連会社が、組織としての基本動作を誤ったということである。ここでいう組織とは、システム部門、経営陣、携帯電話会社から連絡を受けた担当部門、みずほ情報総研の関連部署など、みずほグループの様々な部門を指す。それぞれの組織が、任された役割をしっかりとこなすことができなかった。各組織がシステム障害のリスクを読み誤り、軽率と言える行動を重ね、大規模障害を招いた。

銀行業は、突き詰めればリスク管理業である。融資の審査に代表されるように、リスクを一定の範囲内に抑えられるかどうかが、経営の成否を左右する。

にもかかわらず、みずほはなぜか情報システムについては、リスクをコントロールできない。システム障害のダメージを想定できず、危険を察知する持ち前の嗅覚も鈍る。

企業という組織の集合体において、各組織についての最終責任は経営陣にある。みずほの各組織が持ち場を守ることができなかったのは、最終的には経営陣の責任である。

システム部門との対話を怠る

これらの経営問題が起こらないようにするには、どうしておけばよかったのか。最大のポイントは、みずほ銀行とみずほフィナンシャルグループの経営陣が、勘定系システムの実態やシステムリスク、あるいは万が一システム障害が発生したときの対応策について、正しく把握しておくことであった。あるいは、システム障害の発生状況を正しく知っておくことであった。実態や状況をつかんだ上で、責任を持って経営判断を下すべきであった。経営判断とは、システム刷新のような大型投資を決める、システムリスクの総点検を命じる、あるいはシステム障害後であれば、顧客サービスを全面的に休止する、といったものである。

経営陣が適切な判断を下すには、システム担当役員やシステム部門から正しい情報をタイムリーに得る必要がある。そのためには、システム担当役員やシステム部門との密接な対話が不可欠だ。
このように述べると、みずほ銀行やみずほフィナンシャルグループの経営トップからは、次のような反論が聞こえてくるかもしれない。「システム担当役員やシステム部門に説明を求めても、専門用語ばかりを並べて話すので、言っていることが理解できない」、「情報システムの問題を経営陣に説明する責任はシステム部門にある。経営陣が分かる言葉でこうした説明ができないという点で、システム部門にこそ問題がある」。

こうした指摘があるとすれば、その一部は正しい。みずほに限らず、経営トップに分かる言葉で話ができないなど、システム部門に問題があることは否めない。しかし、システム部門が何を言っているのか分からないのであれば、分かるように話すようにシステム部門を指導し、改革するのは経営トップの任務である。

みずほ銀行のシステム担当者は、勘定系システムのブラックボックス化や老朽化という大きな問題に気付いていたはずだ。きちんと対話ができていれば、ブラックボックス化や老朽化による影響の大きさや深刻さについて、経営トップは事前に知ることができた。大規模障害を引き起こしたら自らのクビが飛ぶという危機感が経営陣にあれば、もっと積極的に、システム障害の対応策について知ろうとしたはずだ。システム障害が発生した後も、自ら情報収集に動いたはずだ。

このような危機感を持たず、「何かあったら知らせが入るだろう」などと悠長に構えていたから、西堀頭取がシステム障害の第一報を受けるまでに二十一時間もかかってしまった。

行き過ぎたみずほ批判が新たなリスクに

もっとも、みずほ銀行とみずほフィナンシャルグループの経営陣は、「銀行にとって情報システムは重要なものである」と、頭では分かっていたはずだ。意図して情報システムを軽視するつもりはなかったのであろう。ただ、情報システムを重視するとは、具体的に何をどうすることなのかが分かっていなかった。だからこそ、みずほ銀行は大規模障害を繰り返した。これが、二〇一一年当時の経営陣を含む、みずほの歴代経営陣の罪である。

二〇〇二年のみずほ発足直後に発生したシステム障害も、その真因は今回と同じである。システム障害の直接の原因は、旧第一勧銀と旧富士銀行、旧日本興業銀行の主導権争いによるシステム統合作業の遅れにあったが、根本的な原因は、プロジェクトにあたって経営陣がリーダーシップを発揮できなかったことであった。

みずほ銀行の二度のシステム障害は、どちらも経営陣のIT軽視、IT理解不足に原因がある。この、根本原因を見逃した結果、みずほは失敗を繰り返してしまった。

ただし、みずほの名誉のために付記すると、今回のシステム障害についてのマスメディアの報道や金融庁の指摘の一部は的外れである。最たる例が、みずほ銀行とみずほコーポレート銀行の情報システムが別々であることがシステム障害の遠因となった、という指摘である。確かに情報システムが一つの方が効率的ではあるが、それとシステム障害とは分けて考える必要がある。

「みずほ銀行とみずほコーポレート銀行がシステム運用体制を完全に一元化しており、当日はシステム担当者がみずほコーポレート銀行のシステム関連作業に追われていた」といったことがあったなら話は別だ。そうでもない限り、二行の情報システムが別々だったためにシステム障害が発生したとは言えない。

むしろ、二行が別々の情報システムを持つほうが、費用はかかるものの、お互いがもう片方のシステム障害による影響を受けずに済む。事実、みずほコーポレート銀行の情報システムは、みずほ銀行のシステム障害の影響を受けなかった。もし仮に、みずほ銀行とみずほコーポレート銀行の情報システムが一つになっていたら、システム障害の影響がみずほコーポレート銀行にも飛び火していただろう。

二行の情報システムが別々のままでいいと言っているわけではない。二行の情報システムが別々であることは、今回のシステム障害には関係ないと言いたいのである。

もう一つ、的外れな指摘があった。それは、合併前の旧行意識が問題の背景にあるという論調である。他のメガバンクに比べて旧行の融合が進んでいないのは事実であろうが、これも二〇一一年三月のシステム障害とは直接の関係はない。

これらの指摘について、みずほは反論したかったであろう。だが、当事者のみずほには、それができない。だからこそ、ここは周囲が冷静に評価しなければならなかった。この行き過ぎたみずほ批判がみずほを必要以上に追い込み、新たなリスクを生むことになってしまった。

第9章

一年をかけた再発防止策

分担の誤謬――。二〇一一年三月の大規模システム障害でみずほ銀行が陥ったのは、勘定系という巨大システムを維持する上で避けて通れない、人や組織の役割分担がもたらす落とし穴だった。

メガバンクの勘定系は五千万ステップを超えるプログラムや数十のサブシステムが複雑に絡み合う超巨大システムだ。みずほ銀行はサブシステム単位で担当者を置き、システムの開発や運用にあたってきた。さらに情報システム部門は要件定義、システム子会社のみずほ情報総研はシステム設計、ITベンダーはプログラム開発、といった具合に実務作業を分担していた。

作業の分担化が進むにつれ、システムの全体像を把握できる人がいなくなった。その結果が二〇一一年三月のシステム障害だ。夜間バッチ処理の異常終了がもたらす影響や二次障害を想定できず、障害の大規模化と長期化を招いた。

「個別のシステムには担当者がいて、それぞれのシステムの詳細を把握していた。しかし銀行業務は何十というシステムを連携させる必要がある。その全体を俯瞰する責任者がいなかった」。みずほフィナンシャルグループ（FG）IT・システム企画部でシステムリスク管理室に所属する田中伸一参事役はこう振り返る。

システムの全体像を把握するのはITガバナンスの基本である。ITガバナンスの不全こそが、大規模障害の真因であった。

みずほ銀行が作成した「データフロー図」
システムの全体像を把握するために、「振り込み」「預金」「支払い」「税金」などの15の決済業務を対象に、データの流れを可視化する資料を新規に作成した

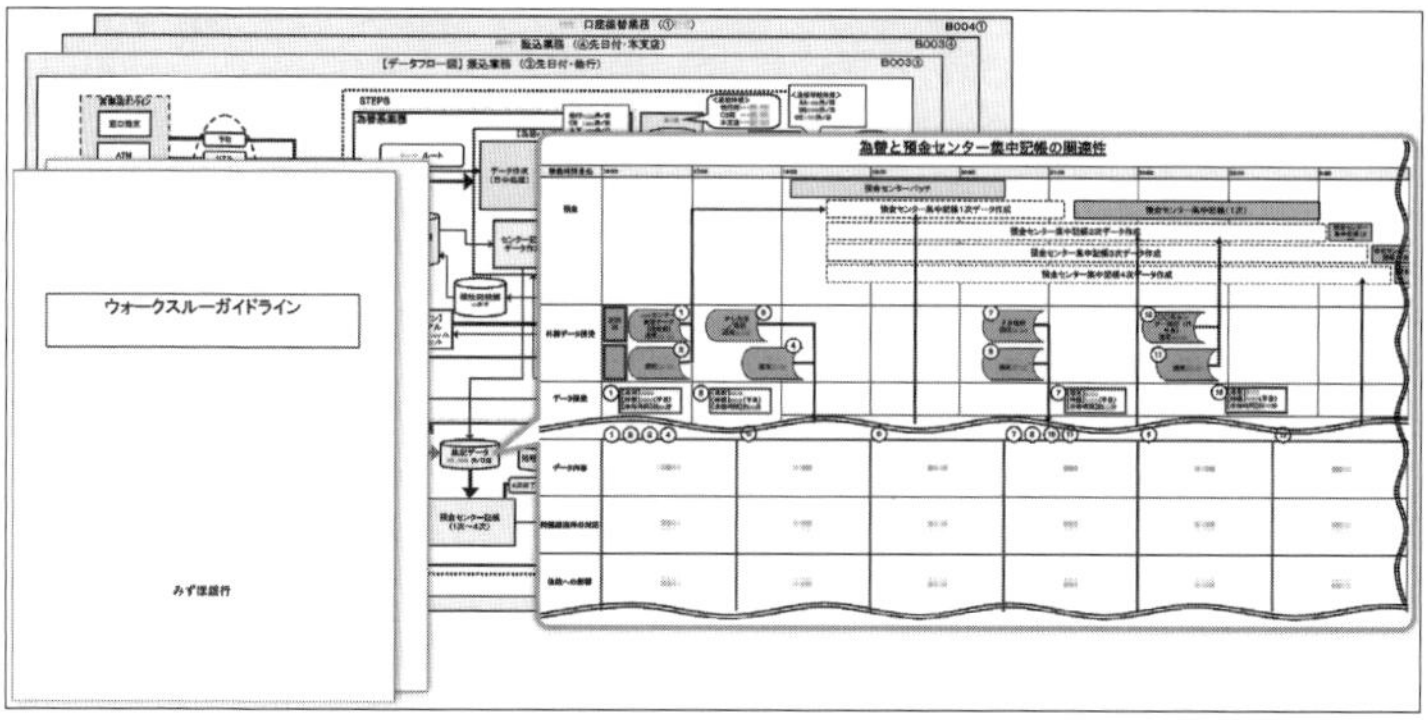

システムの全体像を可視化

ＩＴガバナンスを立て直すため、みずほは二〇一一年三月のトラブル以降、一年間にわたり再発防止策に取り組んだ。

その象徴が「データフロー図」を作成したことだ。「振り込み」「預金」「支払い」「税金」など十五種類の決済業務を対象に、システム内をデータがどのように流れるのかを可視化した図である。

データフロー図によってみずほ銀行のサブシステムを網羅し、それぞれがどう連携しているのかがつかめるようにした。外部システムから受け取ったデータをどんな流れで処理して、その結果をどの外部システムにいつ送るのかが一目で分かるようにもしてある。

データフロー図はみずほＦＧやみずほ銀行のシステム部門を中心に、利用部門やみずほ情報総研が総出で作成した。システム部門がたたき台を作り、利用部門

やみずほ情報総研の担当者が参加する「ウォークスルー」を通じて内容をブラッシュアップした。

十五種類のデータフロー図を作るのに、およそ三カ月かかった。最初のバージョンは二〇一一年秋に完成させた。その後、三カ月かけて内容を見直し、二度目のウォークスルーを経て最終的に二〇一二年三月に改訂版を仕上げた。

それまでもシステム単位の仕様書は整備していた。業務の流れを示す資料もあった。だが、データの流れに注目してシステム全体を貫くデータフロー図を作成したのは、これが初めてだった。「一部の人間の頭の中にだけ存在したデータの流れを可視化することで『組織知』とすることができた」。FGの高取亮IT・システム企画部企画チーム次長はこう語る。

リミット値を洗い出し

みずほ銀行の勘定系システム「STEPS」は、旧第一勧業銀行が一九八八年に開発したシステムだ。当時のシステム構築に携わった担当者が引退するに従って、システムのどこに超えてはならない「リミット値」が存在するのか、あるシステムのエラーがシステム全体あるいは外部システム、顧客サービスにどのような影響を与えるのかが、すぐには分からない状態になっていた。データフロー図を作ることではじめて、みずほ銀行はシステム障害で顕在化した問題点を修正できるようになった。

みずほ銀行が取り組んだ再発防止策のポイント
2011 年 3 月のシステム障害で顕在化した問題点を改善した

システム障害で露呈した問題点		現在
夜間バッチの中断によって、他行向けの振り込み（仕向為替）が未送信になることを把握していなかった	→	データフロー図を基に、あるシステムのエラーが、他のシステムにどのような影響を与えるかを確認した
システム上のリミット値を23年間見直していなかった	→	データフロー図を基にシステムに存在するリミット値を全て洗い出し、見直した
システム障害発生の連絡が担当役員に届くまで17時間を要した	→	システム障害発生から1時間以内に、CIO（最高情報責任者）に連絡が届く体制を整えた
夜間バッチ中断後の自動運用手順を用意しておらず、復旧に5時間を要した	→	エラー発生に備えた自動運用手順を用意することで、復旧までの時間を1時間に短縮した
社外から営業部門に寄せられたリスク情報が、システム部門に届かなかった	→	「情報発信高度化部会」を設けて、システム部門と経営や関連部門との間の情報伝達体制を整えた
BK、みずほ情報総研、みずほオペレーションサービスが密に連携できなかった	→	みずほ情報総研からBKへの出向を増やすなど、連携体制を整えた
システム部門の核となり、緊急対応ができる人材が育っていなかった	→	システム部門をFG・BK・CBで一元化。ジョブローテーションを考慮した人材育成を始めた

FG：みずほフィナンシャルグループ　BK：みずほ銀行　CB：みずほコーポレート銀行

例えばシステム全体を対象にリミット値を洗い出した。リミット値には「一口座当たり一日に最大何件処理できるか」といった処理件数を示すものと、「一連の処理を何時までに終わらせなければならないか」という時間上の制限（時限）の二つがある。みずほ銀行は処理件数と時限の両面から、データフロー図を基にリミット値を見直した。さらにリミット値に関するエラーが発生した時、その後の処理にどんな影響を及ぼすかを確認した。

リミット値は勘定系システムやインターネットバンキングといったシステム単位で把握するだけでは不十分だ。例えば二〇一一年三月のシステム障害で問題となった大量振り込みは、インターネットバンキングではリミット値の範囲内だったが、その後の夜間バッチ処理でリミット値をオーバーした。

「商品やサービスを強化するたびに、様々なシステムや機能を追加しており、システムの全体像が分かりにくくなっていた。データフロー図を作ることでようやく全体像を把握できるようになった」(IT・システム企画部の高橋達浩副部長)。

エラー処理を強化

あるシステムで異常が発生した場合に、後続のシステムに影響を及ぼさないようにするエラー処理についても、データフロー図に基づき見直した。例えば「処理件数が口座のリミット値を超えた場合、その口座への処理を迂回して後回しにすることで、ほかの口座の処理に影響が及ばないようにした」(高橋副部長)。

二〇一一年三月のシステム障害では特定の口座の処理がリミット値を超えたことで、預金元帳を一括更新するセンター集中記帳処理全体が異常終了した。このようなことが起きないよう、異常が発生した部分の迂回処理を強化した。

「TARGET」と呼ぶ夜間バッチの自動運行システムを改修し、エラー処理におけるデータ修正などの復旧処理を人手を介さずにできるようにした。二〇一一年三月のシステム障害ではエラーデータを手動で取り除き、手動で正しいデータを再作成してから処理を再実行していた。夜間バッチを中断した後の自動運用手順が無かったからだ。

エラー処理の際に実行する自動運行ジョブのパターンや数を大幅に増やした結果、センター集中記帳処理で異常が発生してから復旧するまでの時間を一時間に短縮した。二〇一一年三月のシステム障害では五時間かかっていた。

夜間バッチ処理に限らず自動化していないジョブフローについては、可能な限り自動化した。

情報伝達体制を見直し

二〇一一年三月のシステム障害では情報伝達体制の不備も浮き彫りになった。これについては「情報発信高度化部会」を設けて改善に取り組んだ。

特に重視したのは情報伝達のスピードだ。障害発生から一時間以内にＣＩＯ（最高情報責任者）に報告を入れる体制を整えた。システム障害の原因や顧客に与える影響が全て判明しない状態であっても、障害の概要について経営陣に報告するように改めたからだ。

今までは必要な情報を不足なく用意しなければとの考えで、原因を突き止めてから報告していた。「報告の際のポリシーを変えることで、情報を伝達するスピードを向上できた」（ＩＴ・システム企画部の高取次長）。二〇一一年三月のシステム障害では担当役員が障害発生を知るまで、最初のトラブルから十七時間かかっていた。

システム部門から関連部門にも迅速に情報を伝達できるよう体制を整えた。システム障害が発生した場合は緊急対策本部を設けて、開発会社とテレビ会議を開けるようにした。対策本部から対外的な広報活動を展開すると共に、コールセンターや支店窓口からも顧客に適切な情報を発信できるようにもした。

ここでもデータフロー図が役立った。システム障害の影響がどの業務に波及するのか、データフロー図から割り出せるようになったからだ。

二〇一一年三月の障害ではシステム部門から対策本部に情報を上げる過程、対策本部から社内外に情報を発信する過程の両方に、情報伝達のボトルネックがあった。振り込み件数なども各部門が個別の情報しか把握しておらず、全体で何件の振り込み遅れが発生するのか把握できなかった。そのため外部に発表する数字にも誤りが生じた。

緊急対応の有効性を検証

データフロー図を活用することで、リスク管理体制の整備や、緊急時の体制整備も進んだ。

「システムリスク管理体制を総点検したところ、緊急対応マニュアルの不備や、作業フローが定型化されていない部分が見つかった」(高橋副部長)。そこでマニュアルを大幅に修正した。修正した項目数は数千件に及ぶ。

マニュアルはデータフロー図を基に、異なるシステムに横串を刺す形で整備した。従来のマニュアルはシステム単位で整備していた。業務視点で整備したデータフロー図を基にすることで、業務視点のマニュアルを整備できるようになったわけだ。

新しいマニュアルでは誰がどんなタイミングで何をやるのか、マニュアルの中に担当者名を入れて役割を明確化した。従来は緊急対応マニュアルを読むだけですぐに行動に移せるところまで明確に記載してはいなかった。

作成したマニュアルの内容をレビューするのはもちろん、実際の訓練を通じて実効性を検証した。

ＩＴ人材育成の仕組みを刷新

人事・組織体制も抜本的に改めた。みずほ情報総研から必要な人材をみずほＦＧやみずほ銀行へ出向させるなどして、システム部門にノウハウを蓄える体制を整えた。みずほ情報総研の銀行システムグループ長はみずほＦＧのＩＴ・システム企画部との兼任とした。

今後はシステム部門が要件定義などの開発の各フェーズに対して関与を強め、中身の正確性をシステム部門自身がチェックできるようにする。

二〇一一年のシステム障害ではみずほ銀行とみずほ情報総研の連携がうまくいっていなかった。みずほ情報総研側にはシステムに詳しいスタッフもいたが、みずほ銀行のシステム部門がそ

みずほFGの企画・管理部門の人事・組織体制(2012年6月以降)
FGのCIOを務める安部大作氏が6月26日付でFGの常務取締役に就任。これに先立ち、2012年4月からFGとBK、CBの組織を統合している

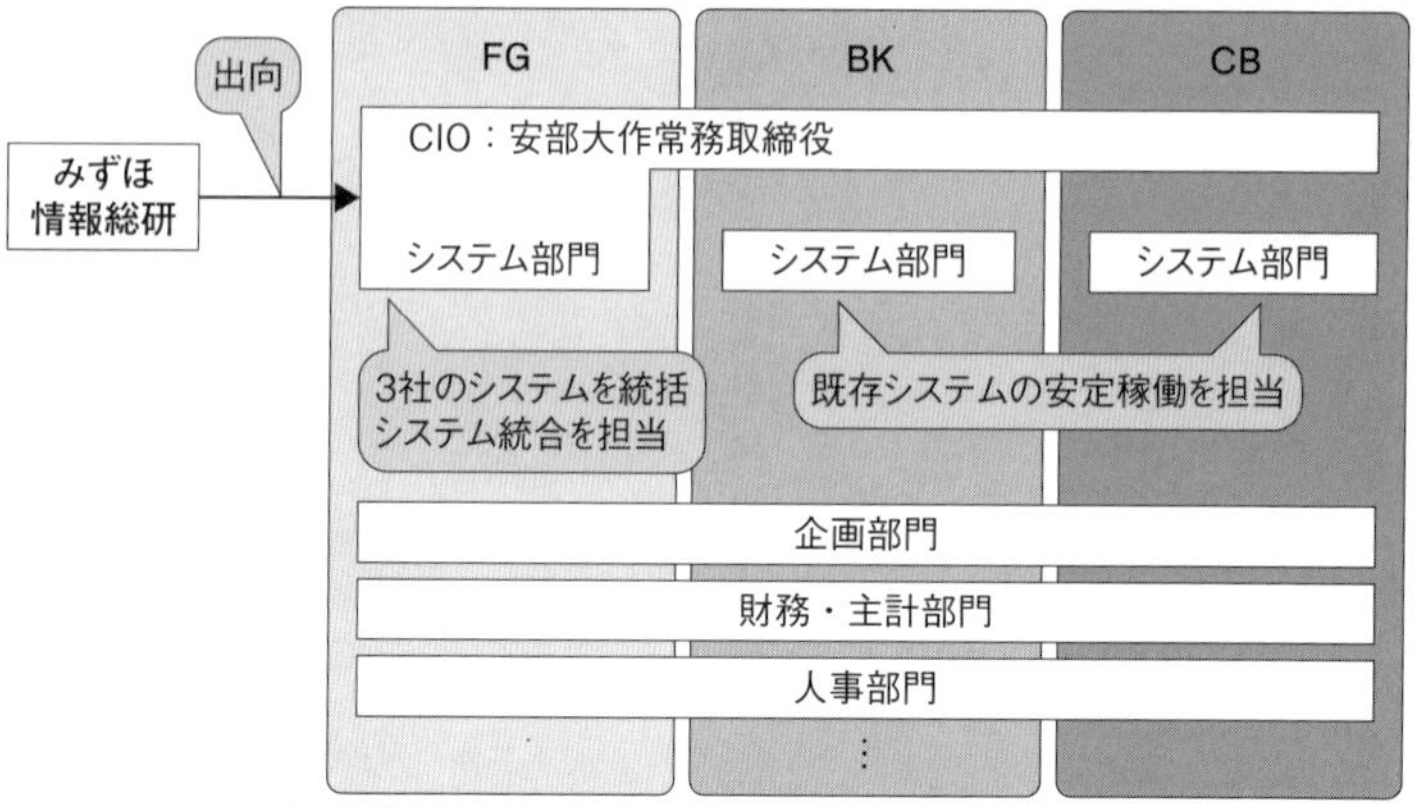

FG：みずほフィナンシャルグループ　BK：みずほ銀行　CB：みずほコーポレート銀行

れを把握していなかった。そのため適切な人材を障害対応に充てられなかった。

これまでは個別システムや個別工程のプロはいたが、その周辺システムや前後工程まで分かる担当者がいなかった。「全体を俯瞰できるITのマネジメント層を育成するための枠組みを、人事部と協力して作り始めている」(高取次長)。

一連のIT人材強化策は二〇一二年六月にみずほFGの常務取締役に就任した安部大作IT・システムグループ長(CIO)が推進する。安部CIOはみずほFGだけでなく、みずほ銀行、みずほコーポレート銀行、みずほ信託銀行のシステム担当役員を兼ねる。

従来はみずほFG、みずほ銀行、みずほコーポレート銀行を兼ねるシステム担当役員がいなかったため、一元的な人事施策を実現しにくかった。

みずほ銀行が実施したシステム障害再発防止策

は多岐にわたる。その中心には、常にデータフロー図がある。

みずほは業務の流れが変わる都度、データフロー図を修整する。それにより、システムの実態とデータフロー図の内容が常に一致するように努めていく。

金融庁が検査マニュアルを改正

みずほ銀行のシステム障害は、他の金融機関にも影響を与えた。金融庁がみずほ銀行での教訓を基に、全金融機関に対して従来よりも厳格なシステムリスク対策を求め始めたからだ。

金融庁は二〇一二年六月末に、金融機関に対する監督指針や金融検査マニュアルを改正した。新しい指針では、システムリスクに対する認識や障害発生時の対応などを従来よりも厳しく指摘した。

例えば「主要行等向けの総合的な監督指針」には、「システムリスク管理部門は、例えば一口座当たりの未記帳取引明細の保有可能件数などのシステムの制限値を把握・管理し、制限値を超えた場合のシステム面・事務面の対応策を検討しているか」という文言が加わった。みずほ銀行のシステム障害が、システム上のリミット値を超えたのをきっかけに発生したことを受けてのものだ。

新しい監督指針では情報システムに対するシステム監査人などによる外部監査も求めている。従来は「システム監査に精通した要員を確保しているか」とされていた項目が、「システム関係

緊急時の社内体制	コンティンジェンシープラン	システム	開発・運用を委託するグループ会社と共同で内容を整備、実効性を確保	2011 年 10 月末
			銀行と開発・運用委託先の 3 社が参加する訓練計画を策定	2011 年 11 月末
			銀行と開発・運用委託先との間の連携やコンティンジェンシープランの実効性などを検証する訓練を実施	2012 年 1 月末
		ビジネス	発動の際の留意事項を改めて全行内に徹底	2011 年 7 月末
			営業店の意見などを踏まえ、計画を見直す	2011 年 10 月末
			顧客への影響が大きい決済業務を中心に、実効性を検証する訓練を実施	2012 年 1 月末
	顧客対応・対外広報		「情報発信高度化部会」を新設、ステークホルダーへの情報発信力を強化	2011 年 7 月末
			正確な情報に基づく適切な指示を、迅速に営業店に送ったり Web サイトに掲示したりできるようにする	
			緊急時における苦情などの把握・分析およびそれらへの対応・改善策を検討	
経営管理と監査	人材育成・配置		緊急対応時のノウハウや経験を持つシステム開発経験者あるいは有識者を緊急時に招集する枠組み	2011 年 6 月末
			銀行のシステム部門と開発・運用委託先との間で、システム開発推進機能と運用機能の配置を適正化	2011 年 10 月末
			システム部門の核となり、緊急対応ができる人材を育成する枠組みを構築	
			ノウハウやスキルの継承など、人材強化につながる計画的な訓練を実施	2012 年 3 月末
			銀行と開発・運用委託先との間で、緊急時の連携態勢などを見直す	
	監査		執行部門における業務改善計画の定着・進行状況を検証・監査	2012 年 3 月末
			勘定系システムについて、環境変化などを踏まえた実効性のあるモニタリングと監査を実施	
			外部監査の活用を検討	

みずほFGが実施した主な再発防止策

大分類	中分類		具体策	完了時期
システム機能	大量データ処理対応		1日の取引件数が1000件を超える可能性のある口座を開設する際、本部に事前に相談する手続きを新設	2011年4月末
			集中記帳処理に関連するパラメーター設定の上限値を拡大	2011年6月末
			集中記帳処理の設計・仕様を改善	2011年7月末
			商品ごとにパラメーター設定の上限値を意識したシステム運営手段を確立	2011年8月末
			集中記帳処理の自動運行手段を確立	2011年10月末
			集中記帳処理を手動運行せざるを得ない場合の対応方法を再整備	
	システム統合		みずほ銀行、みずほコーポレート銀行、みずほ信託銀行（以下3銀行）の勘定系システムと情報系システムを統合・刷新	2013年3月末～2016年3月末
			チャネル系システムなどの統合を検討	2012年3月末
	事務の一元化		3銀行の銀行業務にかかる事務を一元化	2013年3月末
			営業店事務手続きや業務フロー、事務センターを共通化	
			3銀行の一部事務をみずほ銀行に統一	
システムリスク管理	自己点検		ビジネス環境の変化や障害対応の実効性に着目したシステムリスクの自己点検項目を追加	2011年10月末
	リスク評価		新商品や新サービスを開発する際、環境変化などを踏まえた、実効性のあるシステムリスク評価を実施	2011年7月末
緊急時の社内体制	緊急時の態勢		行内の関係部署の役割分担を見直す	2011年7月末
			情報連絡体制や情報共有フローを見直し、初動・事後対応を強化	
			役職員を対象とした、緊急対応をテーマとする研修を実施	2012年1月末
			システム障害を想定した全行訓練を実施、経営陣などの参加を通じ緊急連絡体制などを検証	
	コンティンジェンシープラン	システム	既存システムが抱えるリスクを洗い出し、想定シナリオを増やす	2011年7月末

に精通した要員による内部監査や、システム監査人等による外部監査の活用を行っているか」と変わった。みずほ銀行のシステム障害では安定稼働してきた勘定系システムがダウンした。外部の力を借りてより厳しい姿勢でシステムリスクを洗い出すことを金融庁は求めている。

金融庁がみずほ銀行のシステム障害に起因してシステム検査を厳格化するのは、二〇〇二年四月の障害に続いて二度目であった。

第三部

合併直後、「まさか」の大規模障害

第10章

現場任せが諸悪の根源

トラブルの種は
一九九九年八月にまかれていた

みずほフィナンシャルグループの母体となった、旧第一勧銀、旧富士銀、旧興銀の三行が経営統合の方針を発表したのは、一九九九年八月二十日のことである。この発表を受けて、日経コンピュータは一九九九年九月十三日号に次の記事を掲載した。一部の用語に注釈を付けた点を除き、全文をそのまま再掲する。

全面統合する三銀行に期待する

第一勧業銀行、富士銀行、日本興業銀行の三頭取が一九九九年八月二十日に発表した「三行の全面的統合」は、我が国の情報技術（IT）史に必ず記録されるだろう。「金融機関の経営における最優先事項はITである」ことが改めて明確になったからだ。全面統合の効果として想定されているもののうち、前向きな話は「戦略的なシステム投資」だけ。それ以外に三行が見込んでいる統合効果は、重複店舗の統廃合や人員削減、事務・システムの合理化といったコスト削減ばかりだった。

三行の将来は唯一の積極策であるIT活用にかかっている。三行はなんとしても、ITを駆使して金融ビジネスの世界で生き残るとともに、「背水の陣に追い込まれた日本企業がITの積極活用で復活する成功例」を目指すべきだろう。

三行が第一になすべきことは、新たな経営戦略の立案である。計画によると三行は持ち株会社の傘下に入った後、二〇〇二年春をめどに、「カスタマー&コンシューマ銀行」(注：みずほ銀行)、「コーポレート銀行」(注：みずほコーポレート銀行)、「インベストメントバンク&ホールセール証券」(注：みずほ証券)といった形に再度分社するという。三つの業態において、どのような戦略で勝ち残っていくのかを早急に考えなければならない。

戦略を最も効率よく立案する手は、三行の取締役、あるいはその予備軍の中から、将来のトップ候補を選抜して戦略立案チームを作ることである。このチームに戦略の立案を一任し、統合銀行の将来像を徹底的に議論させる。できれば雑音が入らないように、チームのメンバーを外部と連絡がとれない場所に隔離してやらせるとさらによい。

なぜ、取締役クラスかというと、「将来自分がトップになって経営する可能性がある」と思える人間でないと、生き残りの戦略を考え抜けないからだ。その意味でたいへん失礼だが、現在の三行のトップや年長の役員は、チームの後ろ盾になることはできても、戦略そのものを考え出すことは難しい。

当然、このチームには、ITに詳しい人材も参加させる。戦略が出来上がったときに、同時にその戦略を推進するシステムの設計図も書き上がっていなければならないからだ。こうしてこそ、素早い「戦略的なIT投資」が可能になる。残念なことに、現在の三頭取の中で、IT担当の経験者は一人もいないという。ここでも後進に将来を託すしかない。

発表によれば、三行は各行の副頭取が委員長になる「統合準備委員会」を設立する。さらに、その下部組織として、各行の専務・常務クラスで構成する小委員会を設置するという。

委員会の活動が始まらない段階で即断するのは危険だろうが、このやり方では経営戦略とIT戦略を素早く連携させることが難しくなる可能性が大きい。まず、委員会を細かく分けると検討する内容も、店舗をどうするとか、どこの人員を削るのかといった非戦略的なことに陥りがちである。

情報システムについても小委員会ができるのであろうが、既存システムをどう統合していくかという、コスト削減の話に終始する可能性が大きい。まず、各行がお互いの既存システムの説明をする。それから「勘定系（預金や為替業務を処理する銀行の中核システム）をどのメインフレーム（大型コンピューターのこと）に統一するか」、「端末はどうしていくか」といった案件を議論することになりかねない。

一方、三行にコンピューターを納めているIBM、富士通、日立製作所も、過去の銀行統合の時とは異なったアプローチをとるべきである。三社とも日ごろから、ソリューション（課題解決策）とか顧客の価値向上を標榜している以上、統合する三行が目指すべき新たな銀行像を最初に提案する必要がある。

そして、理想像に現実を近づけていくために欠かせないビジネス・プロセス・リエンジニアリング（業務の仕組みを根本的に見直すこと）の手助けをどれだけできるかといった点で競争すべきであろう。間違っても、「勘定系システムの統合を当社に任せていただければ、X人月でやれます」などという、時代錯誤の提案をしてはならない（人月とは、システム開発量を示す単位。一人のエンジニアが一カ月働いて開発できる量が一人月）。

最も理想的なのは、三行の取締役クラスと、三メーカーのエース級エンジニアががっちりスクラムを組むことだ。全員の英知を結集し、国際競争力のある消費者向け銀行、企業向け銀行、投資銀行のそれぞれのビジネス・プロセス（業務の仕組み）を作り上げる。この成果は、他の金融機関の生き残りにも非常に役立つ。

記者会見で興銀や富士銀の頭取は、「全面統合は国益にかなう」と述べた。我が国の金融機関とITベンダーの財産となるビジネスモデル作りはまさに国益に合致しよう。

結果として、この記事は何の役にも立たなかった。無論、ここに書いた内容には、書生の理想論のような部分があり、日経コンピュータとしても、この通りに進むと思い上がっていたわけではない。それでも一、二割が実現すれば、日本の金融業界、コンピューター業界にとって大きな進歩になると三行に期待していた。

しかし、現実は「ゼロ」であった。旧第一勧銀、旧富士銀、旧興銀は、この記事と正反対の道へ突き進み、迷走した。最大の問題は明確な経営戦略とビジネスの仕組みを作れなかったことだろう。

情報化についての戦略もなかった。情報システムの統合にあたっては、「どのコンピューターを残すか」について堂々巡りの議論をした。コンピューター・メーカー各社は、世界最大の銀行グループの誕生を支援するというより、自分のコンピューターや端末機器を売り込むことに血道を上げた。

合併や企業統合は、「百日勝負」と言われる。統合を発表して百日以内に、統合の方針を固め、関係者一同がその方針にそって進んでいくように、意思の統一を図る必要がある。残念ながら、みずほフィナンシャルグループの経営トップは、三行とコンピューター・メーカーの意思統一に失敗した。三行と各メーカーは自分のことを中心に考えて行動し続けた。

こうした状態のまま、二〇〇二年四月一日の合併を迎えた。三行は、みずほ銀行とみずほコーポレート銀行の二行になって開業にこぎつけたものの、みずほ銀行は情報システムの障害を起こしてしまう。冒頭の記事の中で、「三行の全面的統合は、我が国の情報技術（ＩＴ）史に必ず記録される」という下りだけは、別の意味で当たってしまった。

一連の迷走と失敗の根本原因は、一九九九年八月二十日の会見のときから、垣間見えていた。みずほフィナンシャルグループが悲劇に向かって突き進んだ経緯を振り返ってみよう。

記者会見で「IT活用」を連呼

日経コンピュータが当初、三行の統合になぜ期待をしたかというと、一九九九年八月二十日の記者会見が画期的なものだったからである。出席した三銀行の頭取は、「統合により徹底した合理化を図る一方、戦略的な情報技術（IT）投資を積極的に実施し、米国銀行に対抗していく」と宣言した。統合後は、主要な米国銀行に並ぶ「毎年千五百億円程度」のIT投資を敢行するという説明もあった。

記者会見の席上、興銀の西村正雄頭取は、「三行の統合によってわが国の金融機関再生のフロント・ランナーになりたい。それには情報システムが重要だ」と説明し、統合の効果としてIT投資の増強を挙げた。続けて、「今はまさにIT革命の時代。にもかかわらず、邦銀のIT投資は年間五百億〜六百億円程度。これでは年間十五億ドルを投じる米銀に追い付けない」とした。

これを受けて富士銀の山本惠朗頭取は、「三行で既存の情報システムの早期統合を図ることで、IT投資を節約できる。節約した分を戦略的なIT投資に回し、IT活用でもフロント・ランナーを目指す。世界最高レベルの金融商品とサービスを実現するうえで、IT投資はキー・ファクターである。新しい金融商品やサービスを支えるシステムや、マーケティングに使えるデータベース・システムに積極投資していく」と続けた。

一九九九年度の計画によれば、第一勧銀が五百五十億円、富士銀が六百億円（安田信託銀行分

1999 年 8 月 20 日、統合を発表した旧 3 行の頭取（いずれも当時）。左から旧第一勧業銀行の杉田力之頭取、旧日本興業銀行の西村正雄頭取、旧富士銀行の山本惠朗頭取

写真：ロイター / アフロ

も含む）、興銀が二百三十六億円の情報化投資を見込んでいた。これは、行内の情報システム担当者の人件費は含んでいない。ざっと合計すれば千四百億円。統合後は各行の既存システムを統合し、重複投資をなくす。節約した分を、戦略的な情報化投資に回していく、という理屈であった。

大手銀行の頭取が記者会見で、これだけ情報化戦略を連呼した例はかつてなかった。しかも、三頭取は、特定の記者しか入れない日銀記者クラブではなく、都内のホテルで会見し、不特定多数の報道機関の前に姿を現した。これも珍しいことであった。ただし、みずほフィナンシャルグループが発足した後、情報システ

ム障害の釈明会見会場はなぜか日銀記者クラブに戻ってしまった。

情報システムの統合は極めて難しい

画期的ではあったものの記者会見で、高揚した面もちの三頭取を見ていると、いささか心配になった。「既存システムの統合で節約した分で戦略的なＩＴ投資」という皮算用を成立させる前提は、情報システムの統合をすみやかに成功させることであるが、それは極めて難しいからだ。

一般に、企業が合併あるいは経営統合したときに、すべきことは山のようにある。新しい経営方針や戦略の策定、経営幹部の人事、組織の再編、営業拠点や工場の統廃合、商品や製品の統廃合、事務処理の統一、給与を含む人事体系の一本化、そして情報システムの統合がある。

この中で最も面倒なのが、情報システムの統合である。なぜなら、それ以外の業務の統合や一本化が終わってはじめて、情報システムの統合ができるからだ。企業の情報システムは、その企業の業務のやり方と表裏一体の関係にあり、業務の一本化が終わらないと情報システムを統合できない。

例えば、商品の受注、在庫確認、出荷という一連の業務に合わせて、情報システムは必要な情報を処理するように作られている。受注した商品名を情報システムに入力し、在庫情報と照合し、在庫があれば工場倉庫へ出荷指示を送る、といった具合である。二つの企業が合併あるいは経営統合した場合、情報システムで扱う商品名や在庫情報などを一本化しなければならない。

銀行の場合は、勘定系と呼ばれる、大型コンピューターを使った中核システムの統合が最大の難関となる。勘定系は、第1章でも述べたように、預金、融資、内国為替や外国為替といった業務を処理するものだ。三つの銀行が合併または経営統合した場合、三つあった勘定系システムを一つにしなければならない。その前提は、預金、融資、内国・外国為替といった業務のやり方を一本化することである。

しかも、みずほフィナンシャルグループの場合は、三つの銀行を二つの銀行に再編するという、過去に例がないややこしい方針を選択した。三銀行の企業規模や実力が拮抗していたこともあって、情報システム統合の難しさは群を抜いていた。二行の合併で片方の銀行が圧倒的に大きいか、強い場合は、強いほうが意思決定をしてしまうので、物事を決めるのが早くなる。「戦略的なＩＴ投資」を繰り返した、三行の頭取はシステム統合の難しさをどこまで理解していたのであろうか。

情報システムの統合は必要悪

勘定系システムの統合には、大きく二つのパターンがある。一つは全く新しい情報システムを構築して、各行が既存システムから移行する。もう一つは、どこか一行の既存システムに他社が移行する。理想は第一のパターンだが、一から新システムを作るために必要な投資とリスクはかなり大きい。時間も相当かかる。

第二のパターンは、勘定系システムを残すほうの企業が他方を吸収合併するという印象が強くなり、対等合併をうたった経営統合の場合、いささか格好が悪い。第一のパターンにしろ、第二のパターンにしろ、本格的な情報システム統合の前に、既存の勘定系システムをネットワーク経由で接続して、暫定的な統合を実施することが多い。

どのパターンにしても、最終的には一つの勘定系システムに、他の銀行の預金や融資のデータを一つも間違えずに移し替える必要がある。ところが銀行によってデータの管理の仕方はまちまち。そこで、何千万件という情報を変換するためのコンピューター・プログラムを新規に作ることになる。このプログラムでデータを変換し、一つの勘定系システムで扱えるようにしていく。

さらに情報システムの統合にあたっては、勘定系システムにつながる営業店端末やＡＴＭも交換あるいは統一しなければならない。もちろん、通帳も一本化する。コンピューターやＡＴＭの増強と一連のプログラムの開発で、メガバンクのクラスであると、システム統合に一千億円を超える費用と二〜四年の開発期間がかかってしまう。

これは大きな負担である。それでも、各社がシステム統合に動くのは、店舗の統廃合をはじめとする事業統合による合理化効果を最大限に出すためである。店舗ごとに業務の仕組みやシステムが違っていては、隣接の店舗を一つに統合できないからだ。

また、複数の勘定系を維持していては、情報システムの日々の運用に金がかかる。新商品を扱うときは、複数ある勘定系システムのプログラムをそれぞれ改良しなければならない。本来急ぐべき戦略的な情報化に向けた投資ができなくなる。

こう考えると、情報システムの統合はおそろしくやっかいな仕事ではあるが、経営統合を決めた以上、避けて通るわけにはいかない。いわば必要悪の仕事である。どうしてもシステム統合をやりたくないというなら、経営統合の枠組みや狙いそのものから見直さないといけないだろう。

頭取のリーダーシップに不安

これほど難しい情報システム統合プロジェクトはトップダウンで断行していくしかない。冒頭の記事に書いたように、統合後の新銀行の企業戦略を立て、戦略遂行のために必要な情報システム像をまとめる。このシステム像と現行システムを比較して、足りない部分は新規開発し、使えるシステムは残し、不要なものは廃棄していく。

一九九九年八月二十日の会見で、三頭取に、「システム統合には経営トップのリーダーシップが重要。大丈夫か」と聞いてみた。三行を代表して富士銀の山本頭取は、「楽観はしていないが、技術の進歩もあり、やりきれると思う。勘定系システムについては、メーカーは違うが同じ系統のコンピューターであり、統合するにせよ、連携させるにせよ、比較的容易にできるのではないか」と回答した。

山本頭取は続けて、「具体的なシステム統合と戦略システム開発のスケジュールはこれから検討する。記者発表の前に、システム部長を呼んで、早急にレビューを始めよ、と指示してきたと

みずほグループは統合前から、複数メーカーのコンピューターを採用していた

	みずほフィナンシャルグループ		
	旧第一勧業銀行	旧富士銀行	旧日本興業銀行
勘定系	富士通／日立	IBM	日立
営業店系	富士通	沖／日立	日立
情報系	日立／富士通	IBM ／日立	IBM
証券系	富士通／ IBM	日立	日立／ IBM
国際系	IBM	IBM	日立

IBM は日本 IBM、日立は日立製作所、沖は沖電気工業（OKI）

ころです」と述べた。

この回答を聞いて正直、非常に心配になった。この回答には三つも問題があったからである。第一に、山本頭取は、情報システム統合の問題を技術の問題と思っている。もちろん、別々の情報システムを一つにするのであるから、技術的な問題はたくさんある。しかしもっと重要なのは経営判断である。

勘定系システムはその銀行の業務の仕方にそって作られている。どの銀行の融資の仕組みを残すのか、預金処理はどうするか、通帳はどちらの銀行のものにするか、こうしたことをいちいち決めていく必要がある。

これは技術論ではなく、経営トップがさばくべき、経営判断である。もちろん個々の経営判断は、各業務部門が下していってかまわない。だが、業務部門同士あるいは業務部門とシステム部門の意見が対立したときは、トップが決めるしかない。

山本発言の第二の問題は、「メーカーは違うが同じ系統のコンピューターであり、統合するにせよ連携させるにせよ、比較的容易にできるのではないか」という下りである。確かに、三行が

使っていた富士通、日立製作所、ＩＢＭのコンピューターは、いずれもＩＢＭの設計思想の流れをくんで作られている。

しかし、繰り返すが、それぞれのコンピューターで動いているプログラムは、各行の業務を反映したものになっており、各行でまったくといってよいほど違う。仮に、三行がすべて同じメーカーのコンピューターを使っていたとしても、情報システムの統合はやはり難事なのである。

山本発言では、「システム部長に指示してきた」という下りがまた心配材料であった。情報システムの統合は、情報システム部門に任せっきりにできる案件ではまったくない。現場任せで進めていくと、たいへんな混乱を招く危険がある。そう考えて日経コンピュータは、冒頭の記事を掲載したのであった。

現場任せが禍根を残す

予想通りというべきか、一九九九年九月から本格的に始まった統合作業は、当初から難航した。三行は、統合準備委員会なるものを作り、その下にさまざまな分野ごとの小委員会を設置したものの、なかなか統合方針は固まらなかった。小委員会には、第一勧銀、富士銀、興銀から代表が出席したが、意見の集約は難しかった。

それどころか、第一勧銀は各委員会に、旧第一銀行と旧勧業銀行の出身者を組みにして送り込むことが多く、興銀と富士銀の出席者を驚かせた。みずほフィナンシャルグループの経営統合が、三行統合ではなく、「四行統合」と揶揄される所以である。

米銀の合併時に、コンサルティングを手掛けたというふれこみで、三行に食い込もうとした、ある外資系戦略コンサルティング会社のコンサルタントはこう漏らした。「米国でいくつも銀行合併を手伝ったが、今回は初めてのケースだ。なぜ統合するかという戦略が決まっていないからだ」。米国では、合併が発表になった時にはすでに戦略が固まっており、合併専門コンサルタントは、その戦略の推進や合併実務そのものを支援するのだそうである。

情報システムの統合についても、まったく同様に話が進まなかった。というより、システムの議論が最悪と言えた。最大の問題は、三頭取がシステム統合の落とし所を事前に相談していた節があるにもかかわらず、表面上は、三行の情報システム部門に統合計画を策定させたことである。これが諸悪の根源となった。

第一勧銀の杉田力之頭取は、「当行の勘定系を必ず残すように」と現場に指示したとされる。富士銀の山本頭取は統合を発表する直前に、システムに詳しい富士銀関係者を呼び、「勘定系システムを第一勧銀のものに統合したらどのような弊害があるのか」と尋ねている。統合にあたっての力関係から、山本頭取は、勘定系システムを譲ってもいいと考えていた。

ここで争点になった勘定系とは、個人・中堅企業顧客を担当する、みずほ銀行のものである。大企業向けのみずほコーポレート銀行の勘定系は、興銀のものを使うという暗黙の了解がなぜかあった。この了解が大きな禍根を残したのであるが、その点は後述する。

第一勧銀が富士通のコンピューターを残したかったのはある意味で当然である。同行は富士通のメインバンクであり、古河電気工業など古河グループからも、「勘定系は富士通で」という強い要請があった。また、第一勧銀の情報システム担当者の多くは、システム関連会社の第一勧銀情報システムに集結しており、その数は二千人を数える。第一勧銀の勘定系がなくなった場合、第一勧銀情報システムのエンジニアは仕事がなくなってしまう。第一勧銀と第一勧銀情報システムはそれを恐れた。

もちろん、富士通の危機感も強かった。かつての都市銀行の相次ぐ合併によって、富士通は大手銀行の勘定系システムを次々に失っていた。富士通機を使っていた東京銀行は三菱銀行との合併により、勘定系システムを三菱銀行のもの（コンピューターはＩＢＭ製）に集約した。

同じく富士通の顧客であった、さくら銀行は過去数年にわたって、富士通機の勘定系システムを捨て、刷新しようと苦しんでいた。一時は、ＩＢＭ、ユニシス、富士通の三社のコンピューターを組み合わせた、まったく新しい構想の勘定系システムの開発に着手したが先進的すぎて失敗。その後、ＮＴＴデータが準備中の新勘定系システムへの移行を検討したが、これもプロジェクトの途中で打ち切った。

失敗続きのさくら銀は、住友銀行と合併し、富士通機を捨てて、ＮＥＣ製の大型コンピューターで動いている住友銀行の勘定系システムに一本化することを決めた。

さくら銀行と東京銀行の勘定系システムを失った富士通にとって、第一勧銀の勘定系まで失うと、メガバンクの勘定系市場から撤退を余儀なくされてしまう。我が国ナンバーワンのコンピューター・メーカーである富士通にとって、それはあってはならない事態であった。メーカーのフラッグシップとして、メガバンクの勘定系をおさえているという事実は必要なのである。

三行の経営統合が発表されると、富士通は早速、「勘定系システムの一本化だけなら四百億円でできる」、「全システムのアウトソーシングを千二百億円で請け負う」といった積極果敢な提案をした。三行の事業戦略が煮詰まっていない中で、見切り発車で打診したことになる。

これに対し、日本IBMは、急な一本化を避け、当面は第一勧銀と富士銀の勘定系システムをネットワーク接続して、既存の勘定系を延命させる。その間に新しいシステムを構築すべき、という提案を出した。第一勧銀と富士通という鉄のスクラムを前に、正面衝突を避けた格好である。

不毛な機能比較で消耗

今さらの結論を言えば、経営統合を発表した段階で、第一勧銀の勘定系システムに一本化することを三頭取が即決し、発表してしまえばよかった。システム統合はスピードが勝負であり、無理を承知で臨む場面が必ず出てくる。そのときは、経営トップが決めることを決め、現場を説得すべきところは説得しなければならなかった。

三頭取が堂々と、「重要な取引先である富士通の勘定系システムを残し、富士銀のほうを捨てる。富士銀側にとっては、店舗の事務が大きく変わることになるが我慢してほしい。（仕事がなくなる）富士銀のシステム部門は、新銀行の今後を担う新しい戦略的なシステムを積極的に企画してもらいたい」と言えばよかったのである。

ところが、三頭取は、小委員会で情報システムの統合方針を検討させた。こうなると現場部門は自分たちが長年開発してきたシステムへの愛着があり、自分の居場所を確保したいから、なんとか自行のシステムを残そうと必死になる。後は不毛な機能比較に陥るだけだ。

案の定、情報システムを巡る委員会は泥仕合となった。富士通を推す第一勧銀と、ＩＢＭを推す富士銀が真っ向から対立した。お互いのシステムの機能比較をして、「ここはうちがいい」、「だが、この機能は当行が上だ」と延々と議論を続けた。しかも、ある機能について一方が論破すると次回の会議で、負けた銀行が、「前回の件ですが、よくよく調べるとその機能は当行のシステムでも実現可能でありまして…」と蒸し返す。こうしたことが繰り返された。

しかもやっかいなことに議論を詰めていくと、富士銀の勘定系システムのほうが、第一勧銀より優れていることが分かってきた。一番大きいのは、店舗の業務の合理化について富士銀のほうが進んでいたことである。

一説によると、富士銀の店舗にいる事務員を十人とすると、第一勧銀の店舗は十三人の人手をかけていた。一日の締めをする処理についても、富士銀のほうは取引単位に処理を完結できた。つまり、一件の取引をするたびに、お金の入りと出が合うようになっていた。これに対し、第一勧銀の勘定系は業務終了後に、その日の取引を締める処理が必要だった。

富士銀の勘定系システムには、一枚の伝票に記入するだけで一括して窓口処理ができる機能もあった。一九九九年に議論していた段階では、富士銀の勘定系だけが二十四時間、連続稼働ができた。

インターネット証券取引など電子商取引についても、富士銀の勘定系システムはすぐに対応できる仕組みが、普通預金口座の中に備えてあった。すでに富士銀がインターネット証券会社と提携して提供しているサービスを継続するには、第一勧銀の勘定系にこうした機能を追加しなければならない。

複数の関係者によれば、最終的には、「富士銀の勘定系システムのほうが第一勧銀より一年半は進んでいる」という認識がなされ、議事録にも記載されたという。

第一勧銀と富士通はこの点を否定している。ある関係者は、「二つのデータセンターにある勘定系システムを交代させる仕組みは、第一勧銀だけにあった。富士銀のシステムは、ＰＬ／Ｉと呼ぶ開発言語を使っていた。ＰＬ／Ｉの技術者を動員することは難しい。第一勧銀はＣＯＢＯＬと呼ぶ開発言語でこちらは技術者を調達しやすい。また、富士銀はデータベース／データ通信の基本ソフトを富士銀用に修整して使っていたのでさらに技術者の動員が難しかった。これに対し、第一勧銀は汎用的なソフトを適用していた」と主張している。

ただし、これは枝葉末節の指摘である。この指摘を聞いた別の関係者は、「富士銀の基本ソフトは、東京三菱銀行など複数の銀行で採用されていた。第一勧銀の仕組みのほうこそ、他行の採用例がないのではないか」という。かように本件は堂々巡りになるのである。

有意な差はないと結論

第一勧銀と富士銀の不毛な論争の行司役となったのは、興銀とコンサルティング会社のA・T・カーニーである。「いいの悪いのと、このまま議論をしていては結論を出すまで年を越してしまう」と考えた興銀とA・T・カーニーは、妥協案をひねり出す。

確かに両行の勘定系システムには若干の差はあるものの、この差は二〇〇二年四月に新銀行を作るまでに解消できる。つまり、第一勧銀の勘定系システムを機能強化して、富士銀と同等の機能を盛り込めばよい。よって、「第一勧銀と富士銀のシステムに有意差はない」という理屈を作ったのである。A・T・カーニーは、こうした主旨の報告書を提出した。続いて興銀は、第一勧銀の幹部を連れて、富士銀のシステム担当役員を訪問した。「ここは折れてほしい」という説得により、第一勧銀の勘定系を残すことが決まった。

三行はこの報告書作成料として四千万円を予定していたが、割り勘にできないという理由で、三千九百万円に値切った。世界最大の銀行の命運を託す勘定系システムの統合方針を決めるにしては、ずいぶんと安い投資であった。もっとも、この報告書は、延々と展開された議論を手際よくまとめ、「さしたる優位差はなし」と書いただけだったから、極めて高額だったとも言える。

第11章

無理なシステム統合計画を立案

当初計画は二〇〇〇年十一月に破綻

第一勧銀と富士銀、興銀の三頭取は一九九九年十二月二十二日、再び記者会見し、経営統合に伴う新グループ名「みずほフィナンシャルグループ」を正式に発表した。同時に既存の情報システムの統合方針を明らかにした。

規模が最も大きい勘定系システムについて、個人・中小企業向け取引を担当するみずほ銀行では、第一勧銀のシステム（富士通機で稼働）を採用。みずほ銀行の勘定系の周辺システムと情報系システムは、富士銀（ＩＢＭ機で稼働）を利用することになった。情報系システムとは、勘定系システムからデータを受け取り、分析するためのものである。

大企業向け取引を受け持つみずほコーポレート銀行は、興銀の勘定系システム（日立製作所機で稼働）に集約する。情報系については、みずほコーポレート銀行も富士銀のシステムを使う。市場・証券業務の勘定系システムは興銀のものを利用する。

大型コンピューターを設置するデータセンターは、メインセンターを多摩情報センター（富士銀）に、サブセンターを千葉事務センター（第一勧銀）とする。口座振替の入力など事務を集中して請け負う事務センターは、渋谷にある東京事務センター（第一勧銀）に集約する。一連の統合作業は、二〇〇二年四月をめどに完了するとした。

発表を受けて、日経コンピュータは二〇〇〇年一月十七日号で、「リテール（個人・中小企業向け）向け勘定系の機能を比較したところ、富士銀のシステムのほうが第一勧銀より一年半は進んでいるという結論になった。ところが長年のメーカーとの付き合いや統合費用、メーカーのシェア・バランスなどを勘案した結果、第一勧銀の勘定系を利用することになった」と報じた。

これに対し、第一勧銀から、「そうした事実は一切ない」と強い抗議があった。第一勧銀によれば、事実は以下の通り。「みずほグループは、リテール向け勘定系に関して、第一勧銀あるいは富士銀のどちらを活用していくかについて検討。二つの勘定系の相違点を明らかにし、全体も比較検討した。その検討結果と検討プロセスの評価をコンサルティング会社に委ねたところ、どちらを採用しても他を圧倒するほどの差異はないということになった。そこで経営判断で最終的に決定した」。

ここで経営判断とは何かと第一勧銀に問うと、「頭取の判断であり、よって判断の理由を詮索することはできない」という回答であった。要は、当初の落とし所に落としたということだろう。結局、最初の発表から四カ月間にわたった情報システムの検討作業はまったくの時間の無駄だった。それどころか、三行、とりわけ、第一勧銀と富士銀のシステム担当者の間に決定的な溝を作ってしまった。

おそらく両行の情報システム部門は次のような感想を抱いたはずだ。第一勧銀側は、「こちらが救済してやったのに、富士銀の偉そうな態度はなんだ。富士銀やＩＢＭに重要なシステムの主導権をわたしてはならない」と考えた。富士銀は、「富士通と相談してからでないと会議に出てこられない第一勧銀のシステム部門の非力さは目に余る。一年半で追いつけるというなら、やってもらおうじゃないか」といった具合である。

一九九九年十二月二十二日の会見では、みずほフィナンシャルグループの経営体制に関する資料が配られた。それによると、取締役会の下に経営会議を設置する。構成メンバーは、西村、山本、杉田の三氏に加え、副社長六人、そして企画担当執行役員（CSO）、財務・主計担当執行役員（CFO）、リスク管理担当執行役員（CRO）、コンプライアンス統括担当執行役員（CCO）とあった。

CEOやCFOは聞いたことがあるが、あとのCSO、CRO、CCOはあまりなじみがない。それよりもなによりも、CIO（チーフ・インフォメーション・オフィサー）が記載されていない。CIOとは、情報システムに責任を持つ役員クラスの幹部を指す。

CIOはどこにいる

そこで日経コンピュータは会見で早速、三頭取に質問した。「CIOは経営会議のメンバーではないのでしょうか」。しばし沈黙が続いた。「記者の皆さんにお配りした紙が違うのかな。持ってきてくれる」と杉田頭取が事務方に依頼する。紙を見直したが、依然として三頭取から回答はない。

やむを得ずという感じで、山本頭取が、「無論、システム担当の役員はおりますが、CIOという名前を付けていないだけです。ここにいる三人ともシステムが最重要課題の一つとして認識しており、ぬかりなくやる所存です」と回答した。

確かに名前は何でもいい。それより、「ぬかりなくやる」ためにＣＩＯを経営会議の常勤メンバーにしなくていいのだろうか。興銀の西村頭取は、「興銀は二年前からＣＩＯを設けている。経営会議でも、ＣＩＯの役割を果たす人間を必要に応じて呼ぶから心配ない」と述べた。

このやり取りの結果、日経コンピュータは、みずほフィナンシャルグループの情報化戦略に決定的な問題があると判断した。口では「戦略的なＩＴ活用」というものの、それを実現する体制を作る考えが三頭取にまったくないことが判明したからである。

さらに重症なのは、聞いたこともないＣＳＯ、ＣＲＯ、ＣＣＯを資料に列挙しているときに、事務方のだれ一人として、「ＣＩＯは入れなくていいのか」と疑問を抱かなかったことである。会見直後、ある一行の経営企画部門の責任者は日経コンピュータに対し、「ご指摘の通り、経営会議の常勤メンバーとしてＣＩＯをおいたほうがいいかもしれません。ただしシステムが分かる役員がいないのです」と打ち明けた。

とりあえず、第一勧銀、富士銀、興銀のそれぞれの情報システム担当役員がそれぞれＣＩＯの役割を担うことにして、統合プロジェクトは進んでいく。しかし、勘定系システムの開発を本格的に経験したことがあるＣＩＯは皆無であった。しかも、二〇〇二年四月までの二年たらずの間に、三行のＣＩＯはすべて途中で人事異動している。システム統合に限らず、大きな開発プロジェクトでは終わるまで責任者をできるだけ代えないのが常識にもかかわらずである。

ＣＩＯの事実上の不在に加えて、もう一つ、体制面の大きな失敗があった。三行の情報システム関連会社を合併までに統合できなかったことだ。三行はそれぞれ、情報システムの開発や運用を手掛ける関連会社を持つ。第一勧銀情報システム、富士総合研究所、興銀システム開発である。本来なら、こうした情報システムのエンジニア集団を本体に先駆けて統合すべきであった。

実際、一九九九年十二月二十二日の発表資料には、「関連システム各社の統合・再編等により、グループ内企業のシステムに関する企画・開発から運用を担う総合的なＩＴソリューション機能の事業化を検討し、規模のメリット追求、経営資源の専門化・高度化を図ってまいります」と記載されていた。

しかし、情報システムの機能の不毛な比較による対立は、システム関連会社にまで飛び火し、統合どころではなくなってしまった。結局、システム関連会社が合併してみずほ情報総研が発足したのは、発表から四年十カ月後の二〇〇四年十月のことであった。銀行本体が統合してから二年六カ月後である。

「統合は速く、安く、確実にやればそれでよい」

この記者会見で日経コンピュータは、「三行のシステムを統合する作業に力と時間をとられ、本来急ぐべき新しい情報化が進まなくなるのではないか」と重ねて質問した。

西村頭取は、「あなたの質問には誤解がある。我々の狙いは、戦略的なＩＴ投資を加速すること。その原資を得るために現行の情報システムを統合して、維持費用を下げる。したがって、現行システムの統合は、速く、安く、確実にやればそれでよい。そのために三行の現行システムから一つを選んで残し、そこに他行を片寄せ（一本化）する方法を選んだ」と回答した。

西村頭取に先立って、山本頭取がこの質問に答え、「インターネットバンキングに代表される新しいIT投資は、統合の間も止めず、どんどんやる。統合作業をしているから、新商品やサービスを出せないということはない」と強調した。山本頭取は当時の新聞記事で、「既存システムの統合は過渡的なもの。検討チームを近く作り、企業統合が完了する二〇〇二年四月以降、早期に新システムを構築できるようにする」と発言していた。

だが、みずほフィナンシャルグループのシステム統合は、西村頭取の言葉とは裏腹に、「遅く、金がかかり、不確かな」状況に陥っていく。

まず、店舗の窓口に設置する端末を中心にした、営業店システムの統合案がなかなかまとめられなかった。営業店システムは、勘定系システムと並んで投資額が大きい。富士銀は、主として沖電気工業（OKI）製の営業店システムを新規に設置したばかりであったので、これを継続して利用することを望んだ。第一勧銀と富士通が親密なように、富士銀と沖電気は親密な関係にある。富士銀が極力、既存の店舗の業務の仕組みを維持しようとしたことも大きい。

ところが、第一勧銀は、「勘定系が第一勧銀のものになる以上、勘定系と組み合わせて使う営業店システムも、第一勧銀が使っている富士通製がいい」と主張した。本来は一九九九年十二月二十二日の会見で営業店システムの統合方針まで発表するはずであったが、決着がつかず、二〇〇〇年にずれこんでしまった。

ここへ日立製作所が突然、庄山悦彦社長名の提案書を三行の頭取宛に提出し、営業店システムの検討作業はさらに複雑になった。興銀の勘定系システムと営業店システムは日立が納入してきた。「興銀が扱ってきた金融債を今後は、第一勧銀や富士銀の店舗で販売することになる。したがって日立の営業店システムが必要になる」というのが日立の理屈であった。銀行の営業店システムはコンピューター・メーカーにとって勘定系システムをはるかに上回る利益源であり、各メーカーとも売り込みに必死になった。

第一勧銀と富士銀は検討を進め、いったんは富士銀が推す沖電気製の営業店システムを継続する方針を決めた。この決定に伴い、第一勧銀の勘定系システムと富士銀の営業店システムを接続するために、「ゲートウエイ・システム」というものを用意することを決めた。富士銀の営業店端末から送ったデータを、ゲートウエイ・システムで変換してから、第一勧銀の勘定系システムへ送り込む。ゲートウエイ・システムはＩＢＭの大型コンピューターで構築することになった。

二〇〇二年四月の一本化は困難に

二〇〇〇年九月二十九日には三銀行を傘下に収める持ち株会社、みずほホールディングスが設立され、みずほフィナンシャルグループはその第一歩を踏み出したように見えた。しかし日経コンピュータは、システム統合に問題ありと見て、取材を続けた。事実、みずほホールディングスの設立から一カ月たらずで、驚くべき情報が飛び込んできた。

二〇〇〇年十一月、第一勧銀と富士銀はそれまで進めてきた、みずほ銀行の勘定系および営業店システムの統合作業をご破算にしたのである。

「統合方針を見直すため、三銀行の頭取がいったん白紙に戻すことを決めた」と関係者は語る。第一勧銀の勘定系システムを富士銀のそれと同等のものにするための機能強化チームは存続させるものの、ＩＢＭ機を使ったゲートウエイ・システムの開発、沖電気製営業店システムの導入は中止になった。富士通、ＩＢＭ、沖電気といった各社には、理由抜きで方針変更だけが一方的に伝えられた。この結果、二〇〇二年四月に予定していた、みずほ銀行の勘定系システムと営業店システムの一本化は二〇〇三年以降に先送りになった。

日経コンピュータの問い合わせに対し、みずほホールディングスは二〇〇〇年十二月二十一日に、次のように回答してきた。「二〇〇二年四月に当初計画の通り、システムは統合致しますが、みずほ銀行については、システム移行の安全性を担保するために、一年程度ＲＣ（リレーコンピューター）を活用致します。二〇〇三年上期に更なる顧客サービスの向上を実現すべく、新システムを立ち上げます。システム移行の安全性を最重要視するとの観点から、ＲＣ（リレーコンピューター）による統合形態にしたものであり、平成十四年四月のフェーズ二スタート時点の円滑なシステム運営に向け、システム統合を斎整と進めております」（回答原文のまま）。

つまり、みずほ銀行については、二〇〇二年四月の段階で第一勧銀と富士銀の勘定系システムと営業店システムをそれぞれ残す。このままでは、旧第一勧銀の店舗に、旧富士銀の顧客が来ると他行の顧客と同等の扱いしかできない。そこで、リレーコンピューターという勘定系システムとは別のコンピューターで、第一勧銀と富士銀の勘定系システムを接続することにした。

こうすれば、旧第一勧銀の店に、旧富士銀の顧客が来た場合、第一勧銀の営業店システムから、第一勧銀の勘定系、リレーコンピューター、富士銀の勘定系という順でデータを送ることができ、見かけ上は統合したように見える。リレーコンピューターは富士通機を使い、富士通がコンピューター・プログラムを開発する。

また、回答の中にある二〇〇三年上期に動かす新たな情報システムとは、富士銀の機能を取り入れた第一勧銀の勘定系システムと、第一勧銀の営業店システムのことである。つまり、富士通製品で統一する。ただし、富士銀に設置されている沖電気の営業店システムは継続し、その中のプログラムを修整して、第一勧銀の営業店システムと同等の機能を持たせるようにする。

みずほホールディングスが言うように、確かにこの案は、安全である。当初計画のように、第一勧銀の勘定系システムだけを残し、そこへ富士銀顧客のデータを移す作業は相当な大仕事だからだ。しかし、この安全策が二〇〇二年四月になって、安全ではなかったことが明らかになってしまう。

コーポレート銀行の開発にも暗雲

さらに取材を進めたところ、二〇〇〇年末の段階でほかにも情報システムの問題が山積していることが分かった。中でも大きな問題は、興銀と日立が中心となって進めている、みずほコーポレート銀行の勘定系システムの統合が相当に難しいと判明したことである。

また、国際系システムの統合、みずほフィナンシャルグループ内の信託銀行の統合も軒並み足踏みしていた。情報系システムの統合も当然、進んでいない。一連の勘定系システムの仕様が固まらない限り、そこからデータを受け取る情報系の統合を進めようがないからだ。みずほフィナンシャルグループの顧客には関係ないものの、三銀行の給与計算システムの統合もこの段階では進んでいなかった。

みずほコーポレート銀行のシステム統合方針は、興銀の勘定系システム（日立製の大型コンピューターで稼働）を強化し、ここへ第一勧銀と富士銀の大企業顧客のデータを移行するというものだった。統合作業の完了時期は二〇〇二年四月である。

興銀の勘定系への一本化は、すんなり決まった。金融債の発行など興銀に固有の業務が多いからだ。三行の中で、「大企業向け取引は興銀」という暗黙の了解もあった。ところが、みずほコーポレート銀行の勘定系システムの必要条件を詰めていくと、興銀の現行システムを強化するやり方では実現が難しいことが判明した。

問題は、第一勧銀と富士銀が抱えている大企業顧客の量とサービス内容である。取引している顧客数が、興銀に比べ圧倒的に多い。サービスの内容も興銀より、きめが細かくなっている。

しかも、関係者によると、「興銀の現行勘定系の仕組みの上に、第一勧銀と富士銀の大企業データをそのまま流すのは技術的にみて困難」という。興銀の業務部門からも、「既存の勘定系システムは古くて機能不足。これを拡張するより、新規に開発したほうがいいのではないか」という指摘が出てきた。

やっかいなのは、日本固有の処理である口座振替である。例えば、電話・電力・ガス会社といった企業は、すべて大手企業なので、みずほコーポレート銀行の顧客になる。ところが、こうした公共料金を支払う個人顧客の口座は、みずほ銀行にある。しかも、みずほ銀行の勘定系は二〇〇二年四月の段階では、第一勧銀と富士銀の二つに分かれたままだ。そこで、電話・電力・ガス会社などから送られてくる口座振替指示データを、どの勘定系へ送るべきか、みずほコーポレート銀行の勘定系（つまり興銀のシステム）で振り分けることにした。

富士銀と興銀がバトル

みずほ銀行の勘定系システム一本化を先送りにした二〇〇〇年十一月の二カ月ほど前、二〇〇〇年九月前後になって、「みずほコーポレート銀行に、富士銀の勘定系システムを転用する」という代替案が浮上していたことも日経コンピュータの調べで分かった。みずほコーポレート銀行で興銀の勘定系システムと富士銀の勘定系システムを併用してはどうかというものだ。

この案なら、興銀の現行システムを大幅に作り直す必要はない。興銀固有の業務を興銀の勘定系システムで処理し、大量処理が必要なところは、富士銀の勘定系システムを使えばいい。富士銀としても廃棄予定だった勘定系を延命できる。

興銀の西村頭取はこの見直し案をいったん了承した。ところが、その直後、興銀のシステム部門と日立が巻き返し、見直し案をお蔵入りにした。決め手は日立が、「興銀の現行システムをもとにして、第一勧銀と富士銀の大企業顧客データをきちんと処理できるシステムを二〇〇二年までに、しかも所定のコストの枠内で必ず作る」と確約したことだ。富士銀の勘定系システムを併用すると、日立の担当範囲が狭まってしまう。それは日立としては飲めない案であった。

日立はどんな難問も投げ出さず、最後までやり抜く社風を持つ。とはいえ、「三行の大企業向け業務処理にはそれぞれ特徴があり、一本化するのは並大抵のことではない。特に融資についてはまったく異なる。よほど要件を切り捨てないと、二〇〇二年四月の一本化は難しい」とみる関係者が少なくなかった。

そもそもみずほコーポレート銀行については、みずほ銀行との境界も含め、どんな銀行を作るのかが、この段階でも明確でないと懸念する声が多かった。金融業界に詳しいコンサルタントはこう指摘する。「大企業と中小企業・個人顧客に銀行が提供するサービスの差はなにかといえば、投資銀行業務であろう。だからみずほコーポレート銀行は、投資銀行業務を手がけるのだと思っていた。ところが投資銀行業務は、みずほ証券の担当だとか。投資銀行業務を除いた、普通の商業銀行業務であるなら、わざわざ二つの銀行に分ける意味はない」。

しかも金融庁は、「みずほ銀行とみずほコーポレート銀行は、それぞれ銀行免許を持つ別々の銀行。店舗や情報システムはきちんと分けるように」と指導したもようである。これを受けて、とにかく三行の既存顧客データをどちらかの銀行の勘定系システムに振り分けることにした。これは相当に面倒なことになる。それでも日立が所定の費用の範囲で開発できると宣言している以上、みずほコーポレート銀行のシステム開発はそのまま続行せざるを得なかった。

予想より統合費用がかかる

日経コンピュータは、みずほフィナンシャルグループがみずほ銀行の統合作業をご破算にした理由の一つは、システム統合全体にかかる総費用が当初見込みより膨れ上がったことだとみている。

システム統合の総費用については関係者の間で、さまざまな情報が流れていた。例えば、「営業店システムの方針が固まった二〇〇〇年初頭の段階で、統合費用の総額を千五百億円とはじいていた。ところが、二〇〇〇年九月に計算し直したところ千百億円も増え、二千六百億円になった」、あるいは「ざっと言って当初予定より千五百億円も増えた」という説もあった。

実際の金額はともかく、開発費用が大幅に増えかねない状態になったことは間違いない。統合作業が進み、開発範囲がはっきりしてくるにつれて、開発すべき機能が増えたからだ。みずほ銀行の勘定系システムについては、富士銀にだけある機能を第一勧銀のほうへも入れざるをえない。さらに新規の機能も盛り込む必要があり、開発量が増えた。

ただし、二〇〇〇年十二月の段階で、みずほホールディングスは開発費の増大問題を否定した。日経コンピュータへの回答は、「今回の統合（の方針転換）は、六百以上の拠点を統合するという前代未聞の規模であることに加え、三行のシステムを統合するという特殊性を勘案し、万一の事態を想定した場合の応援体制等を万全にするためであり、費用の観点からではありません」というものであった。

ある関係者は、「方針を変更した最大の理由は、店舗の事務をある日突然、一度に変えることができないから。段階的に移行できるように、リレーコンピューター方式を選択した」と説明する。

みずほ銀行の統合作業がいったんご破算になったもう一つの理由は、勘定系システムは第一勧銀、営業店システムは富士銀という当初の枠組み自体にやはり無理があり、開発がなかなかうまく進まなかったことだ。勘定系システムと営業店システムは不可分のところがあり、別々のものを組み合わせるのは難しかったのである。つまり、どうやっても二〇〇二年四月までに、開発やテストが終わらないことが分かったわけだ。

加えて、第一勧銀側は、どうしても勘定系も営業店システムも富士通機でやりたかった。とにかく、富士銀とＩＢＭを中核システムから排除し、影響力を下げたかったのであろう。

以上の迷走ぶりを日経コンピュータは、二〇〇一年一月一日号の「誤算の検証：三銀行のシステム統合が足踏み、二〇〇二年四月の一本化は困難に」と題した記事で報道した。その中で再度、三頭取のリーダーシップを期待し、次のように書いた。

「統合プロジェクトの立て直しにあたっても、経営トップのリーダーシップがカギだ。しこりの残る各行の現場部門をなんとか団結させ、統合作業を加速させる必要がある。この一年間、三行の現場の担当者は相当激しい議論を繰り返した。それでも、お互いの考え方やシステムについて理解はしたはずだ」。

三行がそれぞれ開発を進める

しかし、二〇〇一年に入っても、みずほフィナンシャルグループは、三行がばらばらのままシステムの統合作業を進めていった。第一勧銀と富士通は、第一勧銀の勘定系システムに富士銀の機能を取り入れる開発に専念しつつ、リレーコンピューターの準備を進めた。

機能強化と並行して、第一勧銀と富士通は、二〇〇一年十一月、勘定系システムのデータセンター移転という大仕事をやってのけた。従来の東京・渋谷の事務センターにあった、第一勧銀の勘定系を動かす大型コンピューターや記憶装置群を、富士銀の多摩情報センターに移設。処理能力を従来の二・五倍に引き上げた。

「コンピューターをトラックで運んだだけか」と思われたら、たいへんな誤解である。なにしろ情報システムは生き物のように常時動いている。一般に、データセンターを移転するには、移転先に新しいコンピューターを入れ、そこに現在動いているものと同じプログラムを載せ、稼働させる。新センターと旧センターでシステムを並行稼働させ、あるタイミングを見て、切り替えるのである。

後で詳しく説明するが、二〇〇二年四月のシステム障害は、第一勧銀や第一勧銀情報システムのミスが原因であった。両社の名誉のために明記すれば、このデータセンター移転は問題なく完了した。一方、興銀と日立は、興銀の勘定系の作り直しに全力を上げた。さらに市場国際系システムの統合も進めた。富士銀は、情報系の整備、店番号の変換に必要なプログラムの整備、給与システムの統合など自分の担当範囲だけを開発していった。

本来であれば、これら多岐にわたるすべての開発作業を統括して管理する、「プロジェクトマネジャー」と呼ぶ責任者をおくべきであった。この責任者が常に全体を見渡して、進捗状況を確認し、懸案があれば優先順位をつけて、解決していく。

だが、そうした役割を担う人間はいなかった。形の上では、みずほホールディングスのシステム担当役員が総責任者であったが、個々の開発がどうなっているか、ほとんど把握できていなかった。

一応の進捗会議はされていたが、「開発はどうですか」、「順調です」という表面的なやり取りが繰り返されるだけだった。プロジェクトの進捗を確認するには、開発現場に土足で踏み込んで、成果物の抜き取り検査をするようなことまでやらないといけない。三行が各々責任を持って、自分たちの担当領域を開発したとしても、各システムを結合させた後、相当な期間をかけて、性能と機能を検証しなければ、最終的にシステムは動かない。

にもかかわらず、三行とその関連システム会社、そしてコンピューター・メーカーは、お互いの間の敷居をひたすら高くして、他社から踏み込まれないようにしていった。

二〇〇一年五月の連休明けから、みずほフィナンシャルグループは、顧客企業に対し、みずほ銀行と取引するか、みずほコーポレート銀行と取引するか、選ぶように要請した。その結果、予想以上に、みずほコーポレート銀行を希望する顧客が多くなった。超大手企業の場合、その関連会社はおおむね数百社にのぼる。このほとんどは本来であれば、みずほ銀行の顧客となる中小企業なのだが、「関連取引があるので、親会社と同じみずほコーポレート銀行にしてほしい」ということろが多かった。

数が予想より増えたこともあり、みずほコーポレート銀行のシステム開発はさらに難しくなってしまった。みずほ銀行のシステム一本化を先送りにしてしまったことで、グループ内の眼はもっぱら、みずほコーポレート銀行の開発に向けられた。

みずほコーポレート銀行の開発負荷が高まった余波として、二〇〇一年の年末になって突然、みずほコーポレート銀行が担当するはずだった、口座振替データの振り分け処理のうち、一回で五万件以上の振替をする場合は、みずほ銀行（第一勧銀の勘定系）で処理することになった。口座振替プログラムは、第一勧銀情報システムとその協力ソフト会社が突貫工事で開発を始め、二〇〇一年末ぎりぎりには一通りのプログラムを完成させた。このプログラムは、日立の大型コンピューターで動く。

結果論であるが、二〇〇一年末の段階で、二〇〇二年四月の新銀行開業はあきらめ、多少なりとも延期すべきであった。「口座振替の処理は原理だけ見ると簡単そうだが処理件数が膨大な上、例外的な処理がたくさんあり、非常に奥が深い。すべての処理をテストするには、データの準備も含めてかなりの時間がかかる。最低でも本稼働の半年前からテストをしなければならない」（大手コンピューター・メーカー幹部）。

なぜ、第一勧銀情報システムは、この口座振替の振り分け処理プログラムの開発を受けたのか。興銀側で手に負えなくなった処理を引き受けることで、興銀に貸しを作り、「みずほフィナンシャルグループのシステムの担い手は、やっぱり第一勧銀」という実績を作りたかったということだろう。あるいは口座振替という処理そのものを甘く見たのかもしれない。

プログラムができていなかった

二〇〇二年初めの段階では、口座振替の振り分け処理プログラム自体は完成の域に達していなかった。それでも、第一勧銀情報システムはテストを繰り返しながら、開発を続けた。第一勧銀の担当部門が、第一勧銀情報システムとその協力ソフト会社の作業進捗を管理し、「開発は間に合う」と報告した。

二〇〇二年初めに、システム統合で先行したUFJ銀行が口座振替プログラムのミスでトラブルを起こした。これを見たみずほ銀行でも、「口座振替は大丈夫か」という声が出て、真剣にプログラムの出来を調べた。その結果、「土壇場になって、完成度が非常に低いプログラムがあることが分かった」(関係者)。

コンピューターのプログラムは建物と違って目に見えない。そのため、相当念入りに作業の進捗を確認しないといけない。それを怠ると、ある開発チームだけが全然開発できていないということが起こる。これとまったく同じ事態を迎えてしまった。

オンライン処理を支える通信プログラムの修整にてこずる

しかも、みずほ銀行の情報システムでほかの問題が見つかった。それは、オンライン処理を支える重要な情報システムであった。具体的には、第一勧銀の「対外接続系システム(富士通の大型コンピューターを利用)」の修整作業である。対外接続系システムとは、第一勧銀の勘定系システムと外部の情報システムをつなぐ役割を持つ。

みずほ銀行はシステム統合にあたって、第一勧銀の対外接続系システムに、富士銀の勘定系システムをリレーコンピューター(富士通のUNIXサーバーというコンピューターを利用)を介して接続した。第一勧銀の勘定系システムは対外接続系システムを経由して、ＢＡＮＣＳ（都市銀行間のＡＴＭ提携ネットワーク）、全銀システム（銀行間の為替決済ネットワーク）、自社のＡＴＭなどとつながっており、この対外接続系システムにリレーコンピューターが追加接続された。リレーコンピューターのプログラムは富士通が開発。対外接続系システムの修整・開発作業は、第一勧銀と第一勧銀情報システムが中心になって進めた。

第一勧銀は、二〇〇二年四月の本稼働に先駆けて、対外接続系システムのプログラムを入れ替える作業を実施してきた。ところが、入れ替えがうまくいかず、二〇〇一年十二月や二〇〇二年三月に第一勧銀のＡＴＭに障害を起こしてしまった。みずほ銀行は、「二〇〇一年七月からオンライン処理のテストを重ねてきた」としているが、対外接続系プログラムのテストは万全とは言えなかった。コンピューター・メーカーの中には、「四月一日のシステム切り替えは延期したほうが無難と警告した」ところもあった。

土壇場になって問題が分かった口座振替プログラムと対外接続系システムは、いずれもある意味では、非常に地味な領域である。これらはともに縁の下の力持ちのような情報システムで、銀行の生命線である。だが、第一勧銀と富士通、興銀と日立は、勘定系システムの機能強化という、人手をくう作業に忙殺された。第一勧銀と富士通は、データセンター移転という大仕事もやっていた。結果として、口座振替プログラムと対外接続系システムのほうは、開発や管理がお留守になっていたことになる。

CIOが「大丈夫」と宣言

問題が指摘されていたにもかかわらず、みずほフィナンシャルグループは、四月一日に新銀行を発足させ、新システムを本稼働させる計画を変更しなかった。第一勧銀のシステム担当役員（CIO）が、「大丈夫」と宣言したからである。今回問題を起こした、口座振替プログラムも、対外接続系のプログラム修整も、第一勧銀および第一勧銀情報システムの担当であり、コンピューター・メーカーの富士通や日立はかかわっていなかった。ここで本稼働を延期すると、第一勧銀だけの責任になってしまう。第一勧銀のCIOや第一勧銀情報システムとしては、後に引けなかった。

ここからは推測である。第一勧銀のCIOは現場に対し、こう言ったのではないか。「ここをクリアすれば、第一勧銀の実力をアピールできる。なんとかするのが君たちの役目だ。頼む」。これを受けて、現場の責任者は、「多少はテスト不足だが、なんとかします」と答えざるをえなかったのではないか。口座振替プログラムや対外接続系システムで障害が起きた場合、どのくらいの影響が出るかというリスクについて、考えが及ばなかったのだろう。無論、経営トップは、そんなリスクがあるとは、夢にも思わなかった。

こうして、一九九九年八月から始まった迷走状態のまま、みずほフィナンシャルグループは、二〇〇二年四月というゴールへ転がり込んでいった。

第12章

大混乱の二〇〇二年四月

当面の危機は回避したが、問題は残った

二〇〇二年三月二十九日午後十時、みずほ銀行は、新システムへの切り替え作業に突入した。しかし、やはり口座振替処理がうまく進まず、四月一日の早朝までに終えないといけない前日分の振替処理が滞ってしまった。この余波で、勘定系システム全体の稼働確認ができなかった。本来、三月三十一日分の口座振替が完了した後で、四月一日の午前零時から稼働確認をする予定だった。ところが、口座振替が終了しないために、確認作業を開始できない「待ち状態」が続いた。

結局、四月一日午前七時に、口座振替の終了を待たずに勘定系システム全体を稼働させた。これを「見切り発車」あるいは「不具合を承知で稼働」と決めつけるのは、いささか微妙なところである。現場の担当者としては、「口座振替処理は早朝までに終わらなかったが、午後にもう一回、口座振替処理をするときに、溜まっていた分も合わせて処理できる」と報告したのであろう。現場の担当者はこの段階でも、「なんとかできる」、「なんとかしたい」と思っていたと考えたい。

四月一日午前八時に勘定系システムの利用を開始した。みずほフィナンシャルグループの新しい経営トップ三人によるテープカットが行われた。しかし、勘定系を利用し始めた直後、対外接続系システムの修整プログラムに残っていた欠陥が表面化した。旧富士銀の勘定系システムが旧第一勧銀の勘定系はもとより、都銀間のATM提携ネットワークであるBANCSから完全に切り離され孤立してしまった。この結果、旧富士銀のキャッシュカードは、旧富士銀のATMでし

2002年4月1日、みずほ銀行の開業記念式典でテープカットする工藤正頭取（左）と、みずほホールディングスの前田晃伸社長

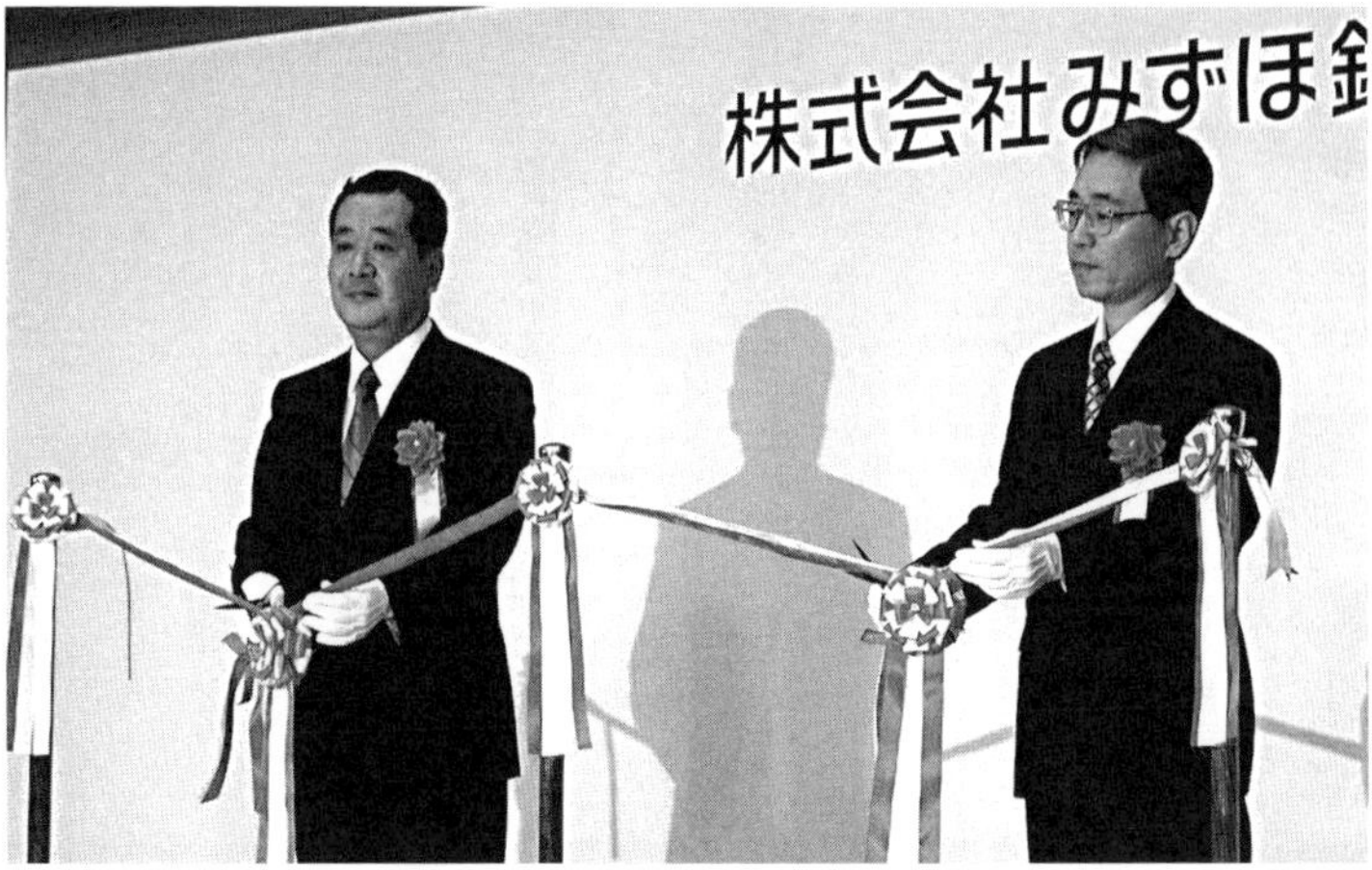

同日にみずほホールディングスの前田晃伸社長は、みずほコーポレート銀行の開業記念式典にも出席。齋藤宏頭取（右）とともにテープカットに臨んだ

か使えなくなった。旧第一勧銀や他行のキャッシュカードを使って、旧富士銀のＡＴＭから預金を引き出すこともできなくなった。

みずほ銀行は対外接続系システムとリレーコンピューターとの接続をいったん切断して、原因の究明に当たったが、障害部分の特定に手間取った。原因が分かったのは午後一時ごろだった。

リレーコンピューターを接続するために、既存の対外接続系システムのＣＯＢＯＬプログラムに手を加えたが、このときプログラムの記述に誤りがあった。旧第一勧銀と旧富士銀の勘定系の間を行き来するデータを変換するリレーコンピューター自体は問題なく稼働していた。

みずほホールディングスは四月五日、システム障害について説明資料を発表、その中では、「リレーコンピューターへの接続機能のプログラム修正に不良箇所があった」と記載している。ここでいう接続機能とは、対外接続系システムのことである。

ところが、みずほホールディングスは、記者への説明や国会答弁などで、「リレーコンピューターの不具合」と説明してしまい、「リレーコンピューター障害」という言葉がしばらく、新聞紙上を闊歩することになってしまった。

いささか細かい話になるが、対外接続系システムの欠陥について説明する。この欠陥は、「通信中の電文を保存する領域に一定以上の電文がたまる」、「異なる電文をある組み合わせで処理する」といった条件が重なった場合に限って表面化するものだった。電文とは、コンピューター内を流れる、データを含むメッセージのことである。本来ならこうした複数の条件が重なった状況

2002年4月1日、みずほ銀行の店舗に貼り出されたATM障害のお知らせ

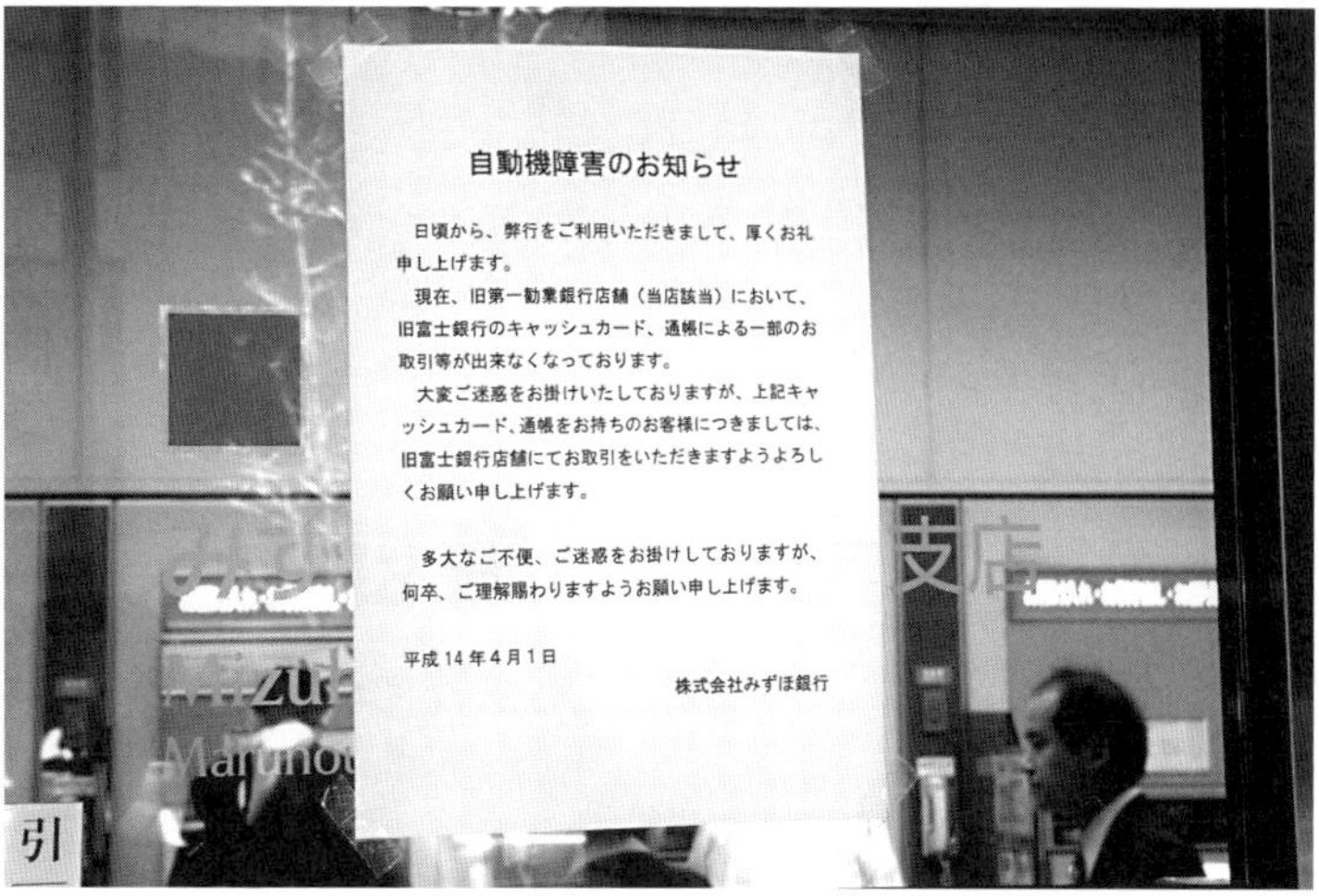

まで想定してプログラムのテストをするものである。だが、事前に実施したテストでは検出できなかった。明らかにテスト不足であった。

こうした欠陥であったために、仮に四月一日午前七時に、口座振替が終了でき、勘定系システムの動作確認ができたとしても、今回の障害は防げなかった。つまり、三月三十一日あるいは四月一日の段階では、もうトラブルは不可避だったのである。

コンピューターのプログラムは、一通り正確に記述されていても、想定した通りに動くとは限らない。処理するデータ量が予想より多かったりすると、それまで見えなかった不具合が発生したりする。このため、さまざまなケースを想定したテストを何回も何回も繰り返す必要がある。しかし、今回はそうしたテストの時間をとれなかった。

欠陥を特定したみずほ銀行は、プログラムを直し、テストした。並行して、ほかのプログラムにも問題がないかどうかを点検した。翌四月二日の朝までにはすべての作業を完了し、システムは正常状態に復旧したと思われた。

ところが、四月八日午後四時ごろから一時間半程度、障害が再発した。一日に修整したのとは別の欠陥が新たに対外接続系システムで表面化し、リレーコンピューターを経由した通信に再び支障を来した。誤ったデータを通信してしまったときの修整方法に不備があったためだ。この不具合についてもみずほ銀行は修正した。四月一日の混乱があったにせよ、もぐらたたきの感は否めない。ただし、その後、対外接続系システムの障害は表面化していない。

対外接続系システムの障害で明らかになったのは、今回の統合のシステム構成の問題である。旧第一勧銀の勘定系システムから見ると、旧富士銀の勘定系システムは、外部システムの一つという位置づけである。対外接続系システムに問題が起きたら、旧富士銀の顧客に迷惑がかかるのは自明の理であった。

旧第一勧銀の勘定系システムだけを都銀間のATM提携ネットワークであるBANCSに接続していたことが被害を拡大させた。合併前と同様に、二つの銀行の勘定系をそれぞれBANCSとつないだままにしておけば、旧富士銀の勘定系は孤立せずにすんだのである。

前述したように、二〇〇〇年十一月に、みずほ銀行のシステム統合方針を変更した段階で、みずほ銀行の情報システムは徹頭徹尾、旧第一勧銀が主導して、統合することになった。第一勧銀

みずほ銀行は合併直後、ATM や勘定系システムと社外システムを接続するのに、旧第一勧業銀行の対外接続系システム（GP）を使っていた。ATM が使えないトラブルの原因は、このGPとリレーコンピューターの通信が不通になったことだ

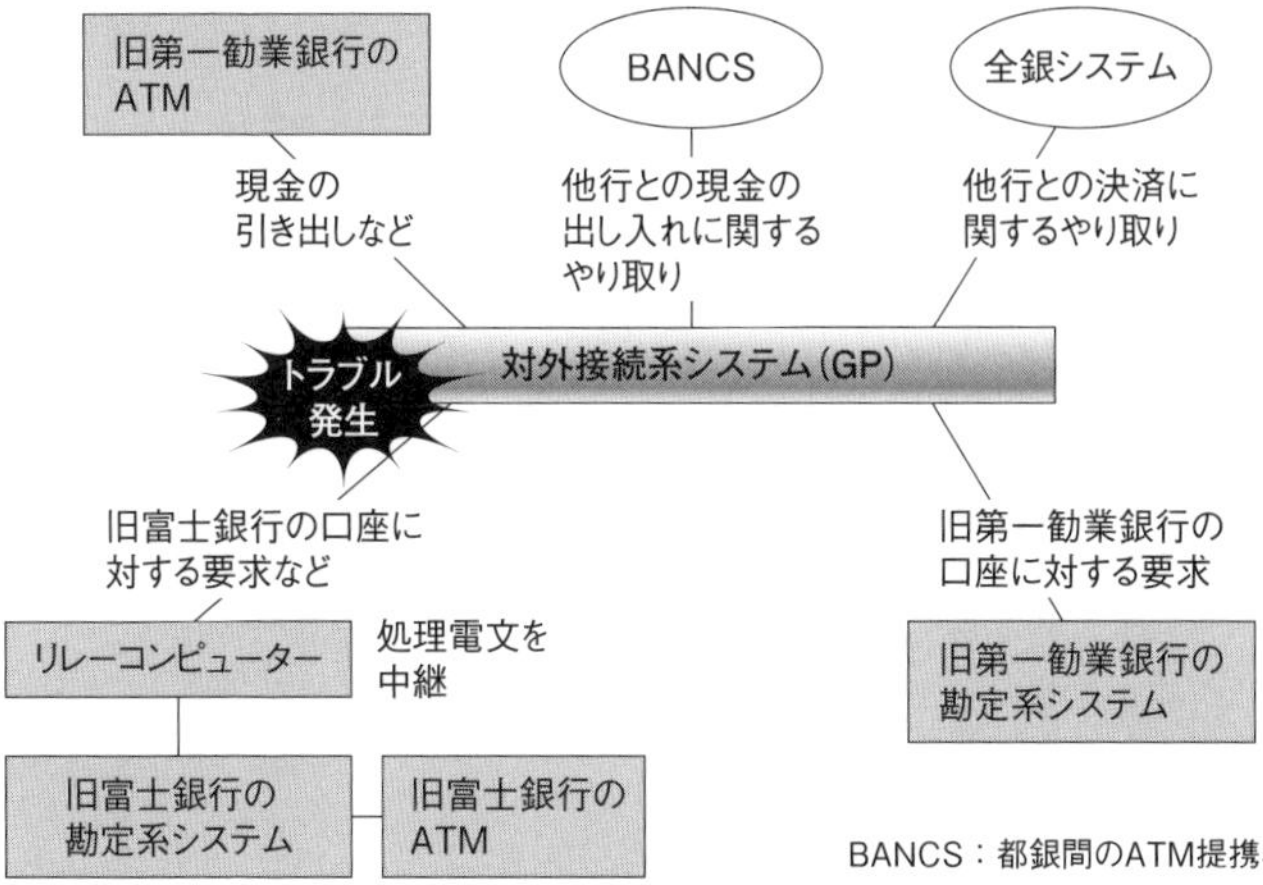

BANCS：都銀間のATM提携ネットワーク

側からすれば、「将来捨ててしまう旧富士銀の勘定系など、外部の一システムにすぎない」ということになったのであろう。

もちろん、対外接続系システムに障害が起きると、旧第一勧銀の顧客にも迷惑がかかる。にもかかわらず、みずほ銀行の対外接続系システムは二系統になっていない。通常、重要な情報システムは、二系統用意し、片方が使えなくなっても、そのまま処理を続行できるようになっている。

混乱のため二次トラブル

話を四月一日に戻そう。みずほ銀行のシステム部門や第一勧銀情報システムのメンバーは四月一日いっぱい、対外接続系システムの不具合の修正に追われた。みずほ銀行のデータセンターに常駐しているコンピューター・メーカー

やソフト会社のエンジニアも作業に忙殺された。もともとデータセンターには、メーカーやソフト会社のエンジニアが常駐している。彼らも一緒になって復旧作業を実施した。

四月一日には、「現金が未払いにもかかわらず、残高が減る」という百四十七件のトラブルが起きた。みずほホールディングスの前田晃伸社長が、「銀行に勤め始めてから三十数年、口座の残高がおかしくなったのは今回が初めて」と悔やんだ事態である。

実際の残高とコンピューター上の元帳データの不一致は以下のようにして起こった。他行のATMから旧富士銀のキャッシュカードを使って現金を引き出そうとすると、対外接続系システムとリレーコンピューターを経由して、旧富士銀の勘定系に処理要求が届く。すると旧富士銀の勘定系は、要求に従って元帳データの残高データを減らした後、処理の正常終了を伝える電文（メッセージ）をATMに向けて送信する。ここまでの処理は正常に進んだ（図の①〜③）。

この後、返信電文の通過前に、対外接続系に障害が発生した。この結果、返信電文は行き場を失って、対外接続系の中に滞留した（図の④）。ATM提携ネットワークBANCSは、規定時間を過ぎても返信電文が到着しないので、時間切れと判断した。BANCSは約三十秒以内に返信電文が来ないと、「処理失敗」とATMに回答する。ATMはこの回答を受け取ると、「取り扱い不能」として、キャッシュカードを排出する。当然、現金は払い出されない（図の⑤〜⑦）。

一方BANCSは、旧富士銀の勘定系に対して、引き出し処理の取り消しを要求する。減ったままの残高データを、引き出し操作がされる前の状態に戻すためである。ところが対外接続系の

他行のATMを使って旧富士銀行の口座から引き出し処理をした場合に、現金が払い出されずに口座残高だけが減る障害が2002年4月1日に発生した。電文が対外接続系システムに滞留したことが原因だ

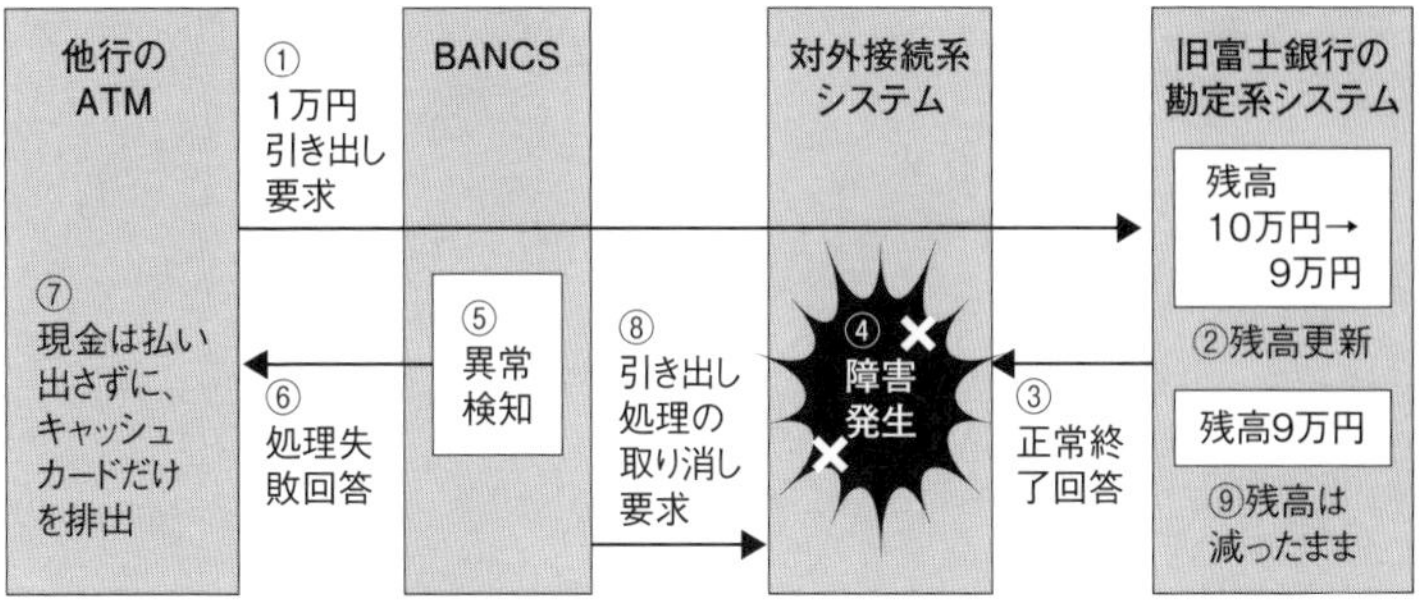

障害に阻まれ、この要求は旧富士銀に届かなかった。この結果、現金の引き出し処理が失敗したにもかかわらず、口座の残高データが減ったままになった（図の⑧〜⑨）。

他の金融機関でも、「ネットワーク障害などが原因で、今回のみずほ銀行と同様の状態になったことはある」（ある大手銀のシステム担当者）。ただし情報システムがアラーム（警告）を発するので、すぐにログ（処理記録）を基に残高データを正常な状態に戻す。「復旧作業は情報システムが自動実行する場合もあれば、人手でする場合もあるが、いずれにしろ最優先で取り組むのが鉄則」という。しかし、今回の場合、対外接続系システムが丸一日止まっていたため、訂正処理の電文をその日のうちに送れなかった。

口座振替で七転八倒

ATMなどオンラインシステムの障害はなんとかおさえ込めた。だが、当初から発生していた口座振替のトラブル

を収束するのに、みずほ銀行の現場担当者は文字通り、七転八倒した。口座振替処理の遅れは最大で二百五十万件に達した。二重引き落としや二重送金といったミスも多発した。

口座振替が遅延した原因は、委託先から受け取った引き落とし用データを旧三行の勘定系システムに振り分ける処理が遅れたこと。統合作業中に実施したが許容時間内に終了しなかったので、四月一日の振替処理が完了しなかった。

みずほ銀行は一カ月に、なんと二千七百万件の口座振替を処理しなければならない。ギリギリのスケジュールの中でいったん処理に遅れがでると、簡単には取り戻せない。焦った運用担当者は、一度処理したはずの磁気テープのデータを再び口座振替システムに入力してしまい、二重引き落としが起こった。旧三行のうち、二重引き落としを防止する仕組みを入れていた勘定系システムでは、こうしたトラブルはなかった。しかし、この仕組みが不十分だった勘定系があり、そこでは二重引き落としを防げなかった。

口座振替に関するプログラムの役割は、みずほ銀行宛に来る振替データを解析し、それぞれを旧第一勧銀、旧富士銀、旧興銀の勘定系に振り分けることである。ここで問題は、みずほ銀行と、旧来の三行で店舗の番号が変わったことであった。

経営統合と同時に、旧富士銀と旧興銀の店舗（合計三百三十店）の「金融機関コード」が変わった。旧第一勧銀との重複を避けるため、「店番号」を変更した店舗も百六十八あった。内訳は、旧富士銀が百五十一店、旧興銀が十七店であった。

みずほ銀行で2002年に発生したシステム障害とその復旧状況

日付	障害内容と復旧状況
4月1日	オンライン 旧富士銀行以外のATMで旧富士銀行のキャッシュカードを使った取引ができなくなる。同様に旧富士銀行のATMでは、旧富士銀行のキャッシュカード以外が使えなくなる
	オンライン デビットカード・サービスが利用できなくなる
	オンライン 現金が払い出されないのに、残高が減るトラブルが147件発生
2日	オンライン みずほ銀行のATMが復旧。イーネットのATM*からの振り込み処理だけは、引き続き受け付けを停止
1～5日	一括処理 口座振替処理の遅れが連続的に発生。5日時点で口座振替の未処理分が250万件、振り込みの遅延が2200件に膨れあがる。この間に二重引き落とし事故が3万件、二重送金事故が5000件発生
6日	一括処理 二重引き落とし処理の修正に取り組むが、未修正分が1000件残る
7日	オンライン 午前8時からイーネットのATMからの振り込み受け付けを再開
8日	オンライン みずほ銀行やイーネットのATMの一部で、約1時間半の間、一部の処理が取り扱い不能に
	一括処理 新たな二重引き落としが3万件発生
	一括処理 口座振替の未処理分が50万件に減少
9日	一括処理 8日に発生した二重引き落としの修正が完了
	一括処理 口座振替の未処理分が15万件に減少
10日	一括処理 10日分の口座振替処理150万件はほぼ完了したが、未処理分が引き続き15万件残る
11日	一括処理 新たな未処理分が発覚。未処理分は40万件に増える
16日	一括処理 口座振替の未処理分が25万件に減少
17日	一括処理 口座振替の未処理分が13万件に減少
18日	一括処理 口座振替の未処理分をすべて処理完了
5月1日～	一括処理 口座振替の結果データを通常どおりの方法で返却再開

＊ファミリーマートやミニストップなどに設置されたATM

みずほ銀行は、新しい番号でも、古い番号でも受け付けられるように、口座振替プログラムを作っておいた。古い番号で来た場合、それを新しい番号に自動的に読み替える仕組みである。

ところが、持ち込まれたデータの中には、銀行名は旧で店舗の番号は新といったものもあった。逆に、銀行名は新で、番号は旧というものもあった。顧客のミスもあったが、みずほ銀行が途中から、「旧番号でデータを送ってほしい」と依頼したこともあって、顧客が混乱した。これらの誤ったデータを、振り分けプログラムが識別できず、次々にエラーがでてしまった。この結果、処理が滞った。

話が細かくなるが、口座振替の請求データは、顧客企業ごとにフォーマット（データの書式）が違う。全銀フォーマットという基本はあるが、電力・ガス会社は通常、独自の書式を追加している。また、地方公共団体も独自のフォーマットである。これまで各銀行は、こうした独自データもすべて、プログラムで判断して読み込めるようにしていた。

ところが、今回は独自フォーマットのデータもすべていったん、旧第一勧銀の振り分けシステムを通る。ここで、すべての独自フォーマットを解釈しきれなかった。プログラムが準備されていなかったり、プログラムはあっても、テストしきれなかったりして、不具合を見つけられなかった。

不眠不休でデータを入れ直し

前述したように、口座振替のデータ量は膨大である。コンピューターを使って自動的に振り替えていかないと、その日のうちに処理できない。大量の磁気テープが届けられるので、次々にコンピューターに入力して処理する必要がある。今回、磁気テープの処理を旧第一勧銀の東京事務センターに一本化したため、現場が不慣れな面もあった。

みずほ銀行の現場担当者は、文字通り、不眠不休で口座振替のトラブル処理にあたった。まず、口座振替プログラムの不具合を一通り、修正した。これで自動処理できる割合が高まった。しかし、これだけでは済まない。溜まっている磁気テープ、さらに押し寄せる磁気テープのデータを目でチェックし、もれがないか確認し、番号が誤っているものは修正する。こうして一つひとつの磁気テープを処理していった。件数が少ない振替データは担当者が直接手入力した。

「なぜいつまでも振替処理ができないのか。コンピューターなんだから、プログラムさえ直せばすぐに処理できるのではないか」と思った利用者が多いかもしれない。残念ながら一度データをためてしまうと、人手で解決するしかないのである。これが口座振替、一括処理のトラブルの恐ろしさである。

通常の要員では足りないため、旧富士銀と旧興銀の担当者や関連会社のエンジニアが動員され、手分けをして口座振替の処理を進めていった。富士通などコンピューター・メーカーのエンジニアたちも、二十四時間体制のローテーション勤務をして、支援した。

現場の担当者が必死で作業をしているとき、テレビや新聞は、「みずほ失墜」と連呼し続けた。「みずほのトラブルはまもなく解決するので、預金者は心配しないでほしい」と発言すべき柳沢伯夫金融庁担当相は、「金融庁は事前に警告した」と自らの責任を回避する発言だけを繰り返した。電力会社やガス会社の社長たちは、「損害賠償する」と声明を出した。

こうした声をよそに現場の担当者はほぼ一カ月、自宅にほとんど帰らず、口座振替の処理を続けた。幸か不幸か、テレビや新聞を見て怒っている暇など無かったのであろう。現場の踏ん張りにより、たまっていた口座振替の処理をなんとか四月十八日には終えることができた。

しかし、まだ家には帰れない。四月三十日に千二百万件の振替が新たに来る。みずほ銀行の担当者たちは、口座振替プログラムを再度見直し、三十日に備えた。おそらく気力・体力の限界を超えていたと思われるが、みずほ銀行の現場は、四月三十日をなんとか乗り切った。

五年四カ月後に一本化を完了

その後、みずほ銀行は二年八カ月がかりで、勘定系システムの一本化作業を進めた。当初は合併と同時に実施する予定だったが、先送りにしていた作業である。二〇〇二年四月の段階では、旧第一勧銀と旧富士銀の勘定系システムと営業店システムをそれぞれ残し、リレーコンピューターという勘定系システムとは別のコンピューターで、旧第一勧銀と旧富士銀の勘定系システム

みずほ銀行が合併直後に実施していた口座振替の仕組み。企業から受け取った口座振替データを、旧3行それぞれの口座向けに振り分ける。結果データは集約して企業に返却する。口座振替のトラブルが起こったのは、振り分けシステムに誤りがあったからである

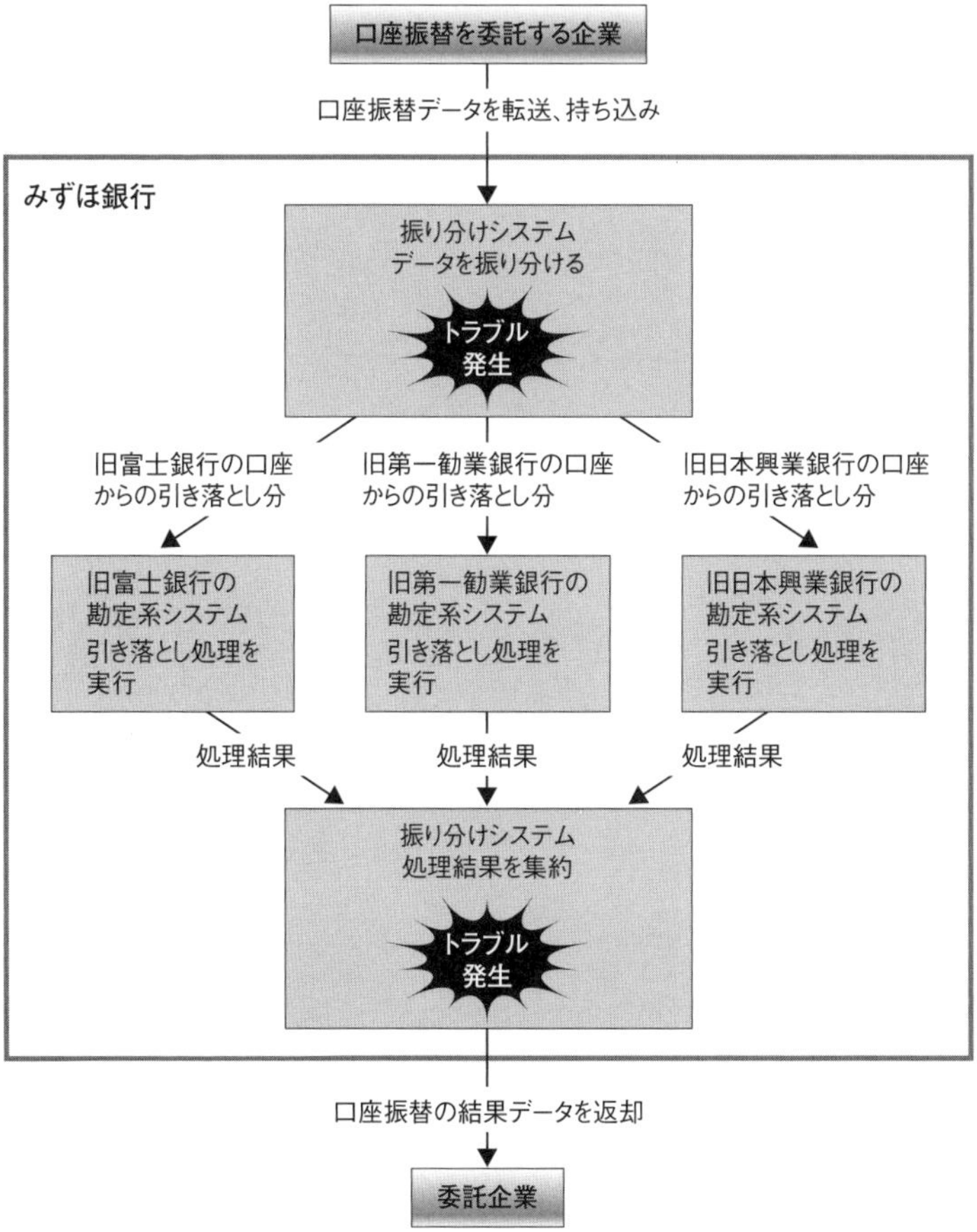

を接続していた。

勘定系システムの一本化作業とは、大きく三つある。一つは追いつき開発だ。最終的に残す旧第一勧銀の勘定系システムに、破棄する旧富士銀の勘定系が備える機能を追加する。もう一つは情報系と勘定系の接続だ。情報系は旧富士銀のものを使うことにしたので、旧富士銀の情報系と旧第一勧銀の勘定系をつなぐ部分の開発が新たに必要となる。そして三つ目が、移行プログラムの開発である。旧富士銀の口座データのデータ項目を、旧第一勧銀の項目に合わせるためのデータ変換プログラムがこれに当たる。

これらの作業を二〇〇四年七月までに終え、そこから十二月まで半年がかりで、八回に分け移行作業を進めた。移行作業とは、旧富士銀の口座データ三千百万件を旧第一勧銀の元帳に移し替え、さらに旧富士銀の店舗にある営業店システムとATMのソフトウエアを旧第一勧銀の仕様に基づくものに入れ替える作業である。旧富士銀のシステムを基にした情報系システムについては、勘定系に先駆け、二〇〇四年六月までに一本化した。

二〇〇四年十二月、システム担当者の踏ん張りによって、みずほ銀行は情報システムの一本化を終えた。一九九九年八月の経営統合発表から、五年四カ月後のことであった。システム統合にかかった総費用は、最終的に四千億円まで膨らんだ。

情報システムについての問題は、これをもって一件落着のはずであった。ところが、六年三カ月後二〇一一年三月、みずほ銀行は二度目の大規模障害を引き起こした。

おわりに

「人が育った」。みずほフィナンシャルグループ（ＦＧ）の坂井辰史社長はシステム完全統合プロジェクトの成果についてこう述べた。取材に応じたみずほ幹部や現場のシステム担当者、プロジェクトを支えたＩＴベンダーの幹部も同じ話をしていたのが印象的だ。

ＩＴがどれだけ進化しても、何十万人月規模のシステム開発を完全自動化するのは不可能だ。ＡＩ（人工知能）が人の能力を超えるシンギュラリティの時代が訪れても、巨大プロジェクトは人手で進めるしかない。

「人類は工夫を凝らして自動車など様々な道具を進歩させてきた。それら道具の裏にソフトあり。朝から晩まで人々がソフトを利用する立場になった。そのソフトだけは人間でないと作れない。誰もが道具の利用者になっている今の時代にあって、人間らしい最後の仕事がシステムやソフトの開発です」。一足先にシステム統合を果たした三菱東京ＵＦＪ銀行（現三菱ＵＦＪ銀行）で当時会長を務めていた畔柳信雄氏は、十一年前の日経コンピュータの取材でこう言った。その通りである。

ＦｉｎＴｅｃｈへの対応、ＡＩやブロックチェーンなど新技術の活用、少子高齢化の時代を見据えたビジネス変革、ＲＰＡ（ロボティック・プロセス・オートメーション）による事務の効率化――。銀行が直面する様々な課題を解決するには、システム開発力が欠かせない。東京スカイツリーの建設費七本分などと言われる巨額を投じたが、それによって得た価値はプライスレスと言えるだろう。

それにしても時間がかかった。旧第一勧業銀行、旧富士銀行、旧日本興業銀行の三行が経営統合を発表してからちょうど二十年。その間にオリンピックは夏冬合わせて十回開催され、みずほ銀行の頭取は六人交代し、二〇〇二年四月一日の初回トラブル発生日に入社した新人は不惑を迎える。二度目の障害からも九年たっており、二十代の行員はシステム障害対応のつらさを肌感覚では知らない。「システムが完成したからもうおしまい」ではなく、みずほは歴史の積み重ねを語り継いでいく必要があるだろう。

「ソフトは稼働した瞬間から陳腐化する」。日立製作所で数々のシステム開発プロジェクトを率いた塩塚啓一副社長の持論だ。みずほはここで一息入れず、それこそ次のシステム再構築に向けた準備に入るぐらいの気構えを持ちたい。「しばらくは今のシステムで大丈夫だろう」と気を緩めるのは禁物。当初の設計思想を知る人が去り、度重なる変更によってプログラムが複雑になっていく「結末」の悲惨さを、みずほは誰よりもよく知るはずだ。

システムの老朽化はあらゆる企業が抱える課題でもある。システム担当者だけでなく経営トップやすべてのビジネスパーソンがシステムについて問題意識を持ち、主体的に行動しなければ、企業は「二〇二五年の崖」から転落してしまう。情報システムへの理解を深めるのに本書が少しでも役立てば幸いである。

本書は日経コンピュータに掲載された記事を全面的に加筆・修正した。

初出一覧

本書は以下の『日経コンピュータ』記事、書籍などを基に作成したものである。

・**日経コンピュータ**

1999年8月30日号、「戦略IT投資で米銀に対抗」（谷島宣之）
1999年9月13日号、「全面統合する三銀行に期待する」（谷島宣之）
1999年11月8日号、「難問の基幹系統合に挑む金融機関」（谷島宣之、中村健助）
2000年1月3日号、「合併する金融機関の情報システム統合」（伊藤誠彦）
2000年1月17日号、「都銀の既存システム統合が始まる」（谷島宣之）
2001年1月1日号、「三銀行のシステム統合が足踏み、2002年4月の一本化は困難に」（谷島宣之）
2002年4月22日号、「みずほ銀、混迷の二週間を追う」（大和田尚孝）
2002年5月6日号、「みずほ銀行のシステム障害、真相が判明」
2003年9月8日号、「みずほ銀行のシステム統合、完了は来年12月」（大和田尚孝）
2004年11月15日号、「大手銀の次期システム争奪戦が本格化」（大和田尚孝）
2011年3月31日号、「みずほ銀行、障害の発端は人為ミス」（中田敦、大和田尚孝）
2011年4月28日号、「二つの人為ミスが引き金に」（中田敦、大和田尚孝）
2011年6月9日号、「みずほ銀障害の全貌」（中田敦、大和田尚孝）
2011年9月29日号、「第二のみずほ銀を防げ、金融庁がシステムリスク監視を強化」（中田敦）
2012年2月2日号、「みずほ、CIOの権限を強化、システムに先駆け組織と業務を統合へ」（中田敦）
2012年8月2日号、「みずほ、復活への再挑戦」（中田敦、岡部一詩）
2012年11月22日号、「みずほの次期システムはマルチベンダー」（中田敦）
2013年7月11日号、「みずほ、IT統合はこれからが正念場」（中田敦、大和田尚孝）
2014年4月3日号、「みずほ銀行、システム統合延期の舞台裏」（岡部一詩）
2015年12月10日号、「みずほ銀行が挑む「次期勘定系」統合・刷新、3層構造SOA、全貌が明らかに」（岡部一詩）
2016年8月18日、「みずほ銀行の次期勘定系開発が大詰め」（岡部一詩）
2016年11月24日、「みずほ銀行のシステム統合が再延期、原因は追加開発か品質問題か」（岡部一詩）
2017年8月17日号、「みずほ銀行、新勘定系の開発完了、2018年秋にも切り替え開始へ」（大和田尚孝、岡部一詩）
2017年8月17日号、「いざ基幹系刷新、みずほ、東京ガス、JALに続け」（井上英明）
2018年3月1日号、「みずほ銀、最後の山場 勘定系移行の成否は」（岡田薫、岡部一詩、大和田尚孝）
2018年6月21日号、「みずほ銀が『第一関門』突破 新システム移行、正念場続く」（山端宏実）
2019年2月21日号、「みずほ、ついにゴールが見えた システム統合、移行あと1回」（山端宏実）
2019年9月5日号、「みずほ3度目の正直 ついに崖越え、勘定系再構築の全貌」（岡部一詩、山端宏実、中田敦）

・**書籍**

『システム障害はなぜ起きたか』（日経コンピュータ編、日経BP、2002年）
『システム障害はなぜ二度起きたか』（日経コンピュータ編、日経BP、2011年）

・**その他**

みずほ銀行システム障害の「調査報告書」（システム障害特別調査委員会、2011年5月20日）

日経コンピュータ
1981年の創刊以来、企業情報システムの本質を描き続けてきたIT専門誌

山端宏実
日経コンピュータ／日経クロステック記者。『日経コンピュータ』『日経情報ストラテジー』、日本経済新聞社企業報道部の記者を経て、2018年4月から現職

岡部一詩
日経FinTech編集長／日経クロステック記者。大手IT企業を経て日経BP入社。『日経コンピュータ』『日経FinTech』記者を経て、2019年4月から現職

中田敦
日経コンピュータ／日経クロステック副編集長。『日経Windowsプロ』『日経コンピュータ』などの記者やシリコンバレー支局長を経て、2019年4月から現職。著書に『GE 巨人の復活』（日経BP）など

大和田尚孝
日経コンピュータ編集長／日経クロステックIT編集長。SEを経て日経BP入社。『日経コンピュータ』や日本経済新聞社の記者を経て2019年4月から現職。著書に『システムはなぜダウンするのか』（日経BP）など

谷島宣之
日経BP総研 上席研究員。『日経コンピュータ』『日経ウォッチャー IBM版』などの記者、編集委員を経て、2009年に日経コンピュータ編集長。2015年から現職

みずほ銀行システム統合、苦闘の19年史
史上最大のITプロジェクト「3度目の正直」

2020年 2月18日 第1版第1刷発行
2020年 2月26日 第4刷発行

著者 日経コンピュータ、山端宏実、岡部一詩、中田敦、大和田尚孝、谷島宣之
発行者 望月洋介
発行 日経BP
発売 日経BPマーケティング
〒105-8308
東京都港区虎ノ門4丁目3番12号
装幀 小口翔平＋加瀬梓（tobufune）
制作 クニメディア株式会社
印刷・製本 図書印刷株式会社

本書籍に関するお問い合わせ、ご連絡は下記にて承ります。
https://nkbp.jp/booksQA

ISBN978-4-296-10535-9